AF500109

ENDIGUEMENT DE LA SEINE MARITIME.

PROCÈS-VERBAUX

ET [illegible]

DE L'ENQUÊTE [illegible] 1850

[illegible]

Sur deux projets tendant à compléter l'endiguement de la Seine maritime, depuis la Mailleraye jusqu'à La Roque et Tancarville.

PUBLICATION FAITE PAR LA

CHAMBRE DE COMMERCE DE ROUEN

avec l'autorisation de M. le Ministre des Travaux publics.

ROUEN

IMPRIMERIE DE ALFRED PÉRON

[illegible] RUE DE LA VICOMTÉ, 55

Février 1851

ENDIGUEMENT DE LA SEINE MARITIME.

PROCÈS-VERBAUX

ET AUTRES DOCUMENTS

DE L'ENQUÊTE OUVERTE EN SEPTEMBRE 1850

Dans les départements de la Seine-Inférieure et de l'Eure

Sur deux projets tendant à compléter l'endiguement de la **Seine maritime**, depuis la Mailleraye jusqu'à La Roque et Tancarville.

PUBLICATION FAITE PAR LA

CHAMBRE DE COMMERCE DE ROUEN

avec l'autorisation de M. le Ministre des Travaux publics.

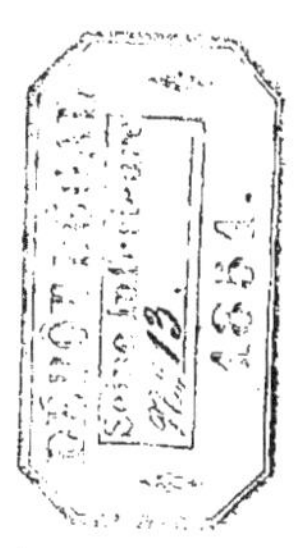

ROUEN
IMPRIMERIE DE ALFRED PÉRON
RUE DE LA VICOMTÉ, 55

Février 1851

INTRODUCTION.

Depuis longues années, et notamment depuis dix ans, la Chambre de Commerce de Rouen poursuit avec persévérance l'amélioration de la Seine maritime. L'administration des Ponts-et-Chaussées a reconnu que cette vaste entreprise était digne de toute sa sollicitude, et elle a pensé que l'éxécution de ce travail, unique jusqu'à ce jour en France, non-seulement rendrait des services signalés à la marine, au commerce, à l'industrie et à l'agriculture elle-même, mais aussi qu'elle devrait faire la gloire du génie français.

Les efforts de la Chambre de Commerce, si bien appréciés du Gouvernement, ont eu d'heureux résultats, et, grâce aux lumières du Conseil général des Ponts-et-Chaussés, si savamment secondé par les ingénieurs de la Seine maritime, les travaux commencés en 1847 et continués depuis lors avec la prudente réserve que commandait tout ce qu'il y avait d'inconnu dans cette entreprise, sont arrivés aujourd'hui jusqu'à Quillebeuf avec les plus brillants succès.

Ces succès ont été solennellement constatés par l'enquête qui vient d'avoir lieu dans les départements de l'Eure et de la Seine-Inférieure. Les membres des Commissions instituées pour examiner les projets soumis à cette enquête, se sont rendus sur les lieux; ils ont visité les travaux, interrogé les pilotes, les capitaines et autres marins, tous ont été unanimes pour rendre les témoignages les plus approbatifs en faveur des travaux déjà effectués et de ceux à exécuter.

Quelques doutes et quelques craintes se sont cependant élevés de la part du port du Havre qui appréhende de voir l'endiguement de la Seine ensabler ses abords..

La sollicitude de M. le Ministre des travaux publics n'a point fait défaut à des intérêts aussi importants, et il a ordonné, sur la proposition de M. l'ingénieur en chef Doyat, qu'une commission, composée des trois ingénieurs en chef de Rouen, du Havre et d'Honfleur, serait chargée d'examiner spécialement la question de l'influence de l'endiguement de la Seine sur le régime de la baie. Le rapport de cette Commission fait partie de ce recueil; il est de nature à faire cesser toutes les inquiétudes.

M. le Ministre de la marine à qui la question militaire, soulevée à l'occasion de l'endiguement de la Seine, n'avait point échappé, a prescrit à M. le capitaine de vaisseau Le Saulnier de Vauhello, président de la Commission nautique, et à M. de Tessan, ingénieur hydrographe, secrétaire de cette même Commission, d'étudier cette question et de lui adresser un rapport sous le double point de vue d'un bassin de refuge ou de stationnement, et d'un arsenal de construction ou de réparation pour les navires de guerre à établir dans la Seine maritime.

La question militaire qui n'avait point encore été officiellement étudiée, a donc fait un grand pas, et si dans leurs rapports, qu'on trouvera dans ce volume, ces messieurs ne proposent rien de positif pour le présent, cependant leurs réserves pour l'avenir indiquent assez que, dans leur opinion, la Seine maritime, après son complet endiguement, est destinée à rendre de grands services à la flotte.

La lettre de la Chambre de Commerce du Havre qui explique ses craintes et manifeste son opposition à tout endiguement entre Quillebeuf et La Roque, trouve ici sa place; vient ensuite la lettre de la Chambre de Commerce de Rouen qui contient des manifestations tout opposées.

Les rapports de MM. Beaulieu et Doyat, qui résument les débats, terminent la série des documents fournis par cette enquête.

Si la Chambre de Commerce de Rouen n'eût pas craint de fatiguer le lecteur, elle eût pu reproduire *in extenso* les rapports des quatorze Chambres de Commerce qui sont venues déposer à l'enquête en termes si lucides et si positifs en faveur de l'endiguement de la Seine; mais elle a pensé que les extraits de ces rapports consignés au procès-verbal de la Commission d'enquête de la Seine-Inférieure suffiraient pour constater toute la valeur de semblables documents.

Deux autres Chambres de Commerce, celles de Caen et de Saint-Brieuc, ont envoyé tardivement leurs observations tout-à-fait approbatives en faveur de l'endiguement de la Seine; mais la clôture des opérations de la Commission d'enquête a empêché d'en faire le dépôt. Ce sont donc dix-sept Chambres de Commerce, y compris celle de Rouen, qui sont venues élever la voix en faveur de l'endiguement de la Seine.

En faisant cette publication, qui a été autorisée par M. le Ministre des Travaux publics, la Chambre de Commerce de Rouen a pensé avec M. le Ministre que « la publicité donnée

« aux documents de l'enquête ne pouvait qu'être utile et « faciliter la solution des graves questions mises à l'étude. »

Pour mieux comprendre toute la portée des pièces ici consignées, on pourra se reporter à la publication déjà faite par la Chambre de Commerce de Rouen en août 1850, au moment de l'ouverture de l'enquête; publication qui contient les questions posées par M. le Ministre, ainsi que divers rapports, plans et cartes concernant l'endiguement de la Seine maritime.

Les démarches incessantes de la Chambre de commerce de Rouen auprès de MM. les Ingénieurs, auprès du Conseil général des Ponts et Chaussées, auprès de MM. les Ministres eux-mêmes, ont pu souvent leur paraître importunes; mais la Chambre avait un grand devoir à remplir envers ses concitoyens, même envers tous les navigateurs français, et elle a fait tous ses efforts pour surmonter les nombreux obstacles que présentait l'adoption d'un système de travail si nouveau pour la France lorsque surtout des intérêts opposés et puissants semblaient y mettre une barrière infranchissable. Elle savait, que sans l'amélioration de la Seine maritime, le port de Rouen serait anéanti et le cabotage français ruiné, lors de la mise en activité des grandes lignes ferrées de la Méditerranée et de l'Océan. Cette idée de danger lui a donné le courage de sa position, et elle continuera avec la même persévérance l'œuvre qu'elle poursuit depuis si longtemps, heureuse de trouver dans le concours de tant d'autres Chambres de commerce un appui considérable pour une question d'une si haute importance.

Nous ne saurions mieux justifier les instances répétées de la Chambre de commerce de Rouen auprès des honorables fonctionnaires auxquels elle s'est si souvent adressée, qu'en citant ici deux passages du lumineux rapport déposé à l'enquête par la Chambre de Commerce de Paris :

« Ce serait, dit cette Chambre, une honte pour la France « d'abandonner plus longtemps au hasard l'embouchure de « son plus beau fleuve qui est en communication directe avec « Paris ; ce sera pour elle une gloire et un immense avan- « tage d'avoir su vaincre, par le génie de ses ingénieurs, ces « obstacles qui enfin ont cessé de paraître insurmontables. »

Et plus loin, en terminant : « Nous venons appuyer, dans « l'enquête ouverte à cet effet, les démarches éclairées et per- « sévérantes que la Chambre de Rouen, aidée du talent, de « l'expérience et du dévoûment de MM. les Ingénieurs du « département de la Seine-Inférieure, n'a cessé d'adresser « au Gouvernement pour l'achèvement de la grande et na- « tionale entreprise de l'amélioration de la Seine maritime. »

PROCÈS-VERBAUX

ET AUTRES DOCUMENTS

Concernant l'enquête ouverte en septembre 1850 sur l'Endiguement de la Seine maritime.

COMMISSION NAUTIQUE.

PROCÈS-VERBAUX DES SÉANCES.

1re *SÉANCE, du* 20 *Août* 1850 (*à Rouen.*)

La Commission nautique instituée par l'ordonnance du 16 juillet 1850, de M. le ministre des Travaux publics, pour s'occuper des diverses questions relatives aux projets d'amélioration de la navigation de la Basse-Seine, se réunit, le 20 août 1850, à l'heure de midi, dans une des salles de la préfecture de Rouen.

Cette Commission se compose de MM.

LE SAULNIER DE VANHELLO, Capitaine de vaisseau, *Président;*
DORTET DE TESSAN, Ingénieur-Hydrographe, *Vice-Président* et *Secrétaire ;*
LETELLIER, Capitaine du remorqueur le *Rouen;*
VOLLET, Capitaine au long-cours ;
POGNON, Capitaine d'allège ou chaland ;
MANOURY, Capitaine au long-cours et Représentant de la compagnie d'assurances générales maritimes de Paris.

M. le préfet, présent au commencement de la séance, annonce à la Commission qu'il est disposé à donner tous les ordres nécessaires pour faciliter ses travaux.

La Commission, par l'organe de son président, remercie M. le préfet de sa bonne volonté.

A midi et demie la séance est ouverte.

M. de Tessan, ingr. hydrographe, vice-président de la Commission, est choisi pour remplir les fonctions de secrétaire.

Il est donné lecture d'une lettre de M. Maillet, capitaine

d'un remorqueur du Hâvre, à M. le préfet, dans laquelle il s'excuse de ne pouvoir accepter de faire partie de la Commission nautique. M. Maillet motive son refus sur ses nombreuses occupations qui ne lui laissent *ni les loisirs qui permettent l'absence, ni ceux nécessaires à la méditation de la haute question qu'il s'agit d'examiner.*

M. Patin, capitaine au long-cours, autre membre nommé de la Commission, ne se présente pas, et aucune lettre de lui ne fait connaître le motif de son absence.

La Commission arrête qu'il sera demandé à M. le préfet de vouloir bien écrire à M. le commissaire général de la marine au Hâvre, pour qu'il nomme d'office deux capitaines du Hâvre, pour remplacer MM. Maillet et Patin, en leur désignant comme point de réunion Quillebeuf, où la Commission décide qu'elle sera rendue le 22 de ce mois, à midi.

La Commission décide que, dans la journée du 21, elle visitera les travaux déjà exécutés dans la Basse-Seine, en se rendant à Quillebeuf par eau.

M. Beaulieu, ingénieur, chargé des travaux d'amélioration de la Basse-Seine, propose d'accompagner la Commission dans son excursion, pour lui donner tous les renseignements désirés; la proposition de M. Beaulieu est acceptée avec gratitude.

M. Doyat, ingénieur en chef des Ponts-et-Chaussées et M. Beaulieu, présentent à la Commission diverses pièces relatives aux travaux déjà exécutés et aux travaux projetés; ils en donnent les explications.

Ces pièces, au nombre de cinq, sont :

N° 1. Plan général de la rivière, entre la Mailleraye et Quillebeuf.

2. Profil en long du Thalweg de la Seine, entre Quillebeuf et Tancarville.

3. Profil en travers de la Seine, entre Tancarville et La Roque.

4. Profil en long du Thalweg de la Seine, entre Caudebec et Quillebeuf.
5. Rapports imprimés de l'ingénieur ordinaire et de l'ingénieur en chef, sur le projet des travaux d'amélioration soumis à l'enquête.

Il y a, en outre, un plan à grande échelle de la partie de la Seine, comprise entre Quillebeuf, Tancarville et La Roque, avec des profils

La Commission examine avec beaucoup d'attention les résultats donnés par 14 forages exécutés sur le banc des Meules, et reste convaincue que ce banc n'est pas formé d'une roche dure et compacte, mais d'un amas de galets calcaires et siliceux. Un membre fait remarquer, toutefois, qu'il n'a pas été fait de forage sur le point le plus élevé du banc, marqué 1 mètre sur la carte de M. Bailly.

Aucune objection n'est faite contre les travaux projetés en amont de Villequier, jusqu'à La Mailleraie.

Une discussion s'élève sur la question de savoir quelle est la cause la plus influente des changements qu'éprouve le chenal de la Seine entre Quillebeuf, Tancarville et La Roque. Il est décidé que les questions suivantes seront faites d'une manière toute spéciale aux marins de la Basse-Seine :

« Les changements de direction qu'éprouve le chenal de la Seine entre Quillebeuf, Tancarville et La Roque, tiennent-ils aux effets subits des coups de vent d'ouest et de nord-ouest, ou à l'action lente et progressive des courants de flots et de jusant?

« De ces deux causes, quelle est la plus influente?

La Commission est unanime pour penser que l'action des vagues dans les coups de vent d'ouest et de nord-ouest, accroîtra considérablement les difficultés de construction et d'entretien des digues en aval de Quillebeuf.

La Commission reconnait, en outre, que les digues, quelque peu élevées qu'on les fasse au-dessus de l'étiage, limiteront cependant la navigation à l'intervalle compris entre les digues, même dans les hautes-mers de morte-eau. Mais cette limitation n'est pas considérée comme un grand inconvénient pour la navigation, parce que le chenal présente une largeur bien suffisante.

La Commission pense qu'il y aura toujours une barre de sable plus ou moins élevée en dehors des points où s'arrêteront les digues latérales, quelque prolongées qu'on les suppose; mais comme la ligne d'étiage baisse considérablement de Quillebeuf à La Roque, tandis que le niveau des hautes-mers reste le même, la Commission pense que la navigation gagnera en tirant d'eau, pour passer sur la barre de sable, tout ce dont aura baissé la ligne d'étiage, en supposant que le brassiage sur le banc reste le même qu'aujourd'hui, et que la ligne d'étiage ne soit pas relevée jusqu'à la hauteur de son niveau actuel devant Quillebeuf.

Le Mascaret ou barre qui a cessé de se faire sentir au-dessus de Quillebeuf, depuis la construction des digues latérales, ne se fait pas, non plus, sentir actuellement au-dessous de Quillebeuf. Mais ces deux faits sont reconnus indépendants l'un de l'autre, et tenir à la profondeur actuelle de l'eau dans le chenal au-dessus et au-dessous de Quillebeuf.

Une discussion s'élève sur la question de savoir si la roche, Le Mouton, à Quillebeuf, a découvert autrefois de basse-mer; s'il est vrai qu'elle ne découvre plus aujourd'hui; et s'il résulte de ce fait que le fond de la rivière, entre Quillebeuf et Tancarville, s'est exhaussé, dans toute la largeur de la rivière, de la quantité dont cette roche se trouve aujourd'hui au-dessous de l'étiage.

Des renseignements sur cette question seront pris à Quillebeuf.

M. Doyat recommande particulièrement à l'attention de la Commission la question de savoir quel est le tirant d'eau des bâtiments qui aujourd'hui remontent, ou peuvent remonter, de pleine mer, de morte-eau, du Hâvre jusqu'à La Roque et Tancarville.

Des bâtiment tirant 4^{m} 30 et 4^{m} 50 d'eau, remontent-ils aujourd'hui de morte-eau du Hâvre, jusqu'à La Roque et Tancarville?

Des bâtiments ayant ce tirant d'eau, pourraient-ils aujourd'hui remonter du Hâvre jusqu'à ces deux points?

Ces questions seront adressées aux marins de la Basse-Seine.

La Commission discute la question de savoir si le prolongement des digues de Quillebeuf jusqu'à Tancarville, dans la direction projetée, n'est pas de nature à détériorer le mouillage de Quillebeuf, en faisant porter les courants de flots et de jusant sur la rive opposée. Elle reconnait que ce mouillage n'est en réalité qu'un lieu d'échouage, et ne peut guère, par suite, subir de détérioration.

Un membre manifeste la crainte qu'une fois les travaux exécutés, un violent coup de vent du large arrivant de haute-mer de morte-eau, ne vienne à produire l'ensablement complet du chenal et des digues, surtout, si celles-ci s'élèvent peu au-dessus du fond actuel, et qu'il n'en résulte en définitive un exhaussement du barrage naturel que la mer tend à faire entre La Roque et Quillebeuf. La majorité de la Commission ne partage pas cette crainte, et pense que la rivière se creusera toujours un passage dans le chenal qui lui aura été assigné entre les deux digues.

MM. Doyat et Beaulieu annoncent à la Commission que des forages, jusqu'à 16 mètres de profondeur, ont été exécutés entre Quillebeuf et Tancarville, dans la direction projetée du chenal, et que, nulle part, même aux pointes de

Quillebeuf et de Tancarville, on n'a trouvé dans cette direction de fonds durs, capables de mettre un obstacle à l'approfondissement du lit du chenal.

L'abaissement du niveau de l'étiage dans la rivière qui sera le résultat de l'approfondissement du chenal sur la barre, attire l'attention de la Commission, et elle s'arrête à la conclusion que les *inconvénients* résultant de cet abaissement seront beaucoup plus que compensés par *les avantages* du plus grand tirant d'eau des bâtiments, qui pourront entrer en rivière dans les hautes-mers de morte-eau.

Un membre demande s'il n'y aurait pas lieu de modifier le tracé projeté des digues entre Quillebeuf et Tancarville, de manière à se ménager la facilité de pouvoir, par la suite, diviser à ce dernier point le chenal en deux branches, se dirigeant, l'une sur la rive gauche, vers Honfleur, l'autre sur la rive droite, vers Harfleur et le Hâvre. La Commission reconnaît qu'avec le tracé projeté, le coude à Tancarville, quoi qu'un peu brusque, serait encore assez développé pour ne pas nuire à la navigation dans la supposition faite.

MM. Doyat et Beaulieu pensent que cette division du chenal, unique en deux branches, aurait plus d'inconvénients que d'avantages pour la navigation.

En terminant la séance, M. le président annonce qu'il ne soumettra les questions du programme au vote de la Commission, que l'orsqu'elle se jugera suffisamment renseignée.

La séance est levée à 3 heures et demie.

Signé : Le Saulnier de Vanhello, *président.*
de Tessan, *secrétaire.*
Letellier. Pognon.
Manoury. Vollet.

2e SÉANCE,

Du 22 Août 1850 (à Quillebeuf.)

La Commission nautique, accompagnée de M. Beaulieu, ingénieur des travaux d'amélioration de la Basse-Seine, est partie de Rouen le 21 août, à 5 heures du soir, sur le bateau à vapeur l'*Atlas*, de la compagnie des remorqueurs de MM. Lenormand et Baudu. Elle est arrivée à la Mailleraye, à 9 heures du soir, après avoir examiné, en passant, la position des bancs du Croisset et de Bardouville. Ayant rencontré l'arrivée du flot à peu de distance en amont de la Mailleraye, elle a pu constater l'absence du Mascaret ou de la barre, autrefois si redouté des marins de cette rivière.

Partie de la Mailleraye le 22 août, à 5 heures du matin, la commission est arrivée à Quillebeuf à 7 heures, après avoir sondé, en passant sur le banc des Meules, la traverse de Villequier et le banc du Flac ou d'Aizier. Elle a suivi de l'œil sur le terrain les positions des digues projetées, et a examiné, avec le plus vif intérêt, les beaux travaux exécutés entre Villequier et Quillebeuf. Deux choses l'ont surtout frappée dans cet examen ; la régularité du lit et du courant de la rivière, et la vaste étendue des terrains gagnés à l'agriculture, et déjà couverts d'herbes. Arrivée à Quillebeuf, la Commission s'est transportée aussitôt à la pointe pour voir, de basse-mer, la vaste étendue des bancs compris entre Quillebeuf, Tancarville et La Roque, bancs sur lesquels doivent être construites les digues projetées. Pendant cet examen, la Commission a pu assister à l'arrivée du flot, et s'est convaincue par elle-même de l'absence du Mascaret. Elle a vu, toutefois, que le courant de flot eût été assez rapide, dans cette grande marée, pour mettre en danger un petit bâtiment surpris par le flot dans le chenal navigable.

La Commission s'est réunie, à midi précis, chez M. Fauqueux, officier-chef du pilotage à Quillebeuf, qui a bien voulu mettre un local à la disposition de la Commission.

La séance est ouverte à midi 15 minutes, et la Commission constate avec regret, et pour la seconde fois, l'absence du capitaine du Havre; elle décide qu'il sera passé outre et se déclare définitivement constituée par l'adjonction de M. Manoury, capitaine au long-cours, ayant navigué pour le port du Havre, et aujourd'hui représentant de la compagnie d'assurance générale maritime, à Paris.

La Commission entend d'abord les pilotes Durand (Napoléon), chevalier de la Légion-d'Honneur, Le Goffe (Nicolas-Marie), chevalier de la Légion-d'Honneur, et Castro (Louis-Léonard), que leurs occupations obligent à quitter immédiatement Quillebeuf.

M. Napoléon Durand, *d'accord en cela avec les sept autres pilotes entendus*, attribue uniquement au courant de flot et surtout de jusant les changements qui s'opèrent dans le chenal entre Quillebeuf, Tancarville et La Roque. *D'accord encore avec tous les autres*, il attribue peu ou point d'action sur ces changements à la grosse-mer, dans les coups de vent d'ouest ou de nord-ouest.

Il n'a pas la moindre crainte que, par les travaux projetés en aval de Quillebeuf, l'entrée de la rivière soit détériorée et la navigation entravée. D'après lui, la rivière ne pourra jamais être barrée en dedans des digues, et le cas arrivât-il, la rivière s'ouvrirait toujours un passage entre les digues. *Cette opinion est également partagée par tous les autres pilotes entendus.*

M. Napoléon Durand n'a pas vu la roche Le Mouton découvrir, mais il connait bien des personnes à Quillebeuf qui l'ont vue.

Il donne à la Commission quelques détails sur une chaîne de roches appelée les *Ors* ou les *Aures*, dont une des têtes se trouve à 400 mètres dans le nord-nord-ouest de la roche Le Mouton, et sur laquelle il ne reste que 1^{m} 90 à 2^{m} 30. M. Castro n'a pas vu non plus Le Mouton découvrir, et donne les mêmes renseignements sur la chaine des Ors.

M. Le Goffe a été, en 1807 et 1808, à pied sec sur la roche Le Mouton; il n'admet pas que cette roche ait pu baisser de hauteur par usure ou désagrégation; si elle ne découvre plus aujourd'hui, c'est que le fond de la rivière s'est exhaussé.

Il reste, suivant M. Le Goffe, 2^{m} 60 à 3^{m} 20, sur la chaîne des Ors, et sa longueur est de 2 ou 3 encâblures (390^{m} à 585^{m}.)

Il a vu, en 1810, un grand coup de vent dans lequel la mer a enlevé le presbytère de Quillebeuf, et divers travaux de particuliers sur la rivière. Il croit que la digue projetée sur la rive gauche et allant de Tancarville à La Roque, pourrait être faite assez solide pour résister à une pareille action.

M. Fauqueux, officier-chef du pilotage à Quillebeuf, questionné par M. le Président de la Commission sur l'opinion des marins qui fréquentent la Seine, relativement aux travaux faits et aux travaux projetés, déclare qu'il les a tous entendus se féliciter de la grande amélioration apportée par les travaux faits et n'avoir aucune crainte, mais au contraire avoir toute espérance de réussite au bénéfice de la navigation par les travaux projetés.

M. Ozanne (Philippe-Gabriel), pilote, questionné sur le tirant d'eau des bâtiments qui remontent ou peuvent remonter aujourd'hui, de pleine-mer, de morte-eau, entre le

Havre et Tancarville, répond que c'est de 3m 90 à 4m 20, et certainement moins de 4m 50.

Un bâtiment tirant 2m 90, aurait, suivant lui, de la peine à arriver jusqu'à Quillebeuf, dans les mêmes circonstances.

Il a vu changer le chenal en 4 ou 5 jours, d'un bord à l'autre de la baie, et souvent cela s'opère en 15 jours; mais aussi le chenal reste quelquefois longtemps dans la même position. Il a vu l'ambrun des vagues s'élever jusqu'à la hauteur du feu de Quillebeuf.

Suivant lui, la digue, entre Tancarville et La Roque, courra le risque d'être coupée par l'action réunie d'une grosse mer d'ouest ou de nord-ouest, et d'une grande marée.

M. Durand (Michel-Nicolas), pilote, déclare, comme M. Ozanne, et comme les trois pilotes entendus après lui, que les bâtiments qui remontent ou peuvent remonter aujourd'hui du Havre à Tancarville, dans une marée de morte-eau et de pleine mer, ont un tirant d'eau de 3m 90 à 4m 20; ils se réservent 0m 70 à 1m 0 d'eau sous la quille, pour la sûreté de la navigation.

C'est entre le Havre et Honfleur, par le travers de ce dernier point, qu'on trouve le moins d'eau, parce que l'on est obligé d'y passer avant la pleine-mer, si l'on veut se trouver de pleine-mer à Tancarville. Sans cette difficulté devant Honfleur, on pourrait mener jusqu'à Tancarville des bâtiments tirant 4m 90.

M. Durand dit avoir été sur la roche Le Mouton en 1811 ou 1812. La plus haute des trois têtes découvrait de 0m 49, les autres, de 0m 40 à 0m 42. Il y avait alors 1m 60 d'eau sur la tête la plus élevée des Ors.

Il dit que cette chaîne de roches traverse toute la Seine d'une rive à l'autre, dans la direction du nord-nord-ouest.

Il ne croit pas que la roche Le Mouton se soit usée ou désagrégée, c'est le fond qui s'est élevé.

Son père, octogénaire et ancien pilote, dit l'avoir vue découverte de 1^{m} 0, et qu'alors il ne restait que 0^{m} 30 d'eau sur la plus haute tête des Ors.

M. Durand est très satisfait des résultats obtenus en amont de Quillebeuf, et conçoit les plus belles espérances des travaux projetés en aval.

Il ne craint pas l'envasement du lit de la rivière devant Quillebeuf.

M. Borée (Jean-François), a vu, en un jour, et par l'action du courant du flot, le chenal changer de 2 à 3 encablures, (390^{m} à 585^{m}) en aval de Quillebeuf.

Dans les forts coups de vent, l'ambrun des vagues qui se brisent contre la partie occidentale du quai de Quillebeuf, s'élève de 2^{m} 30 à 2^{m} 60 au-dessus du quai.

D'après ce pilote, le plateau de roche de la pointe de Quillebeuf aurait baissé de hauteur, et se serait usé ou désagrégé de 0^{m} 32 à 0^{m} 49. La roche Le Mouton pourrait bien avoir subi le même abaissement; elle est très souvent hors du sable qui la couvre quelquefois. Il reste aujourd'hui 0^{m} 60 à 1^{m} 0 d'eau sur la tête la plus élevée.

Aujourd'hui, de morte eau, on monte jusqu'à Quillebeuf des bâtiments tirant 3^{m} 10 à 3^{m} 20.

M. Le Saut, pilote, dit que le changement le plus rapide qu'il ait vu s'opérer dans le chenal, en aval de Quillebeuf, est d'une demi-encablure en une marée (98^{m}.)

Les digues pourront résister aux coups de vent et aux courants de flot réunis; il suffit de les faire assez fortes.

La rivière ne se barrera pas, et, se barrât-elle un instant, le jusant suivant la désobstruerait entre les digues.

Il a vu la roche Le Mouton découverte de 0^{m} 49, et ne croit pas qu'elle se soit usée ou désagrégée, pas plus que les têtes du plateau de roches de la pointe de Quillebeuf.

Les renseignements que M. Le Saut donne sur le tirant d'eau

des bâtiments qui remontrent aujourd'hui, de morte eau, à Quillebeuf, ainsi que sur la chaîne de roches des Ors, sont les mêmes que ceux donnés par les pilotes précédemment entendus; la direction de la chaîne est celle du clocher de Saint-Aubin par le clocher de Sainte-Opportune.

La largeur de 500 mètres pour le chenal à Tancarville lui paraît plus que suffisante pour la navigation ; le chenal navigable n'a pas cette largeur la plupart du temps en aval de Quillebeuf.

Il faudrait, suivant lui, élever les digues jusqu'au niveau des hautes-mers de morte-eau.

On pourra les faire assez fortes pour résister au courant des marées et à la grosse mer dans les coups de vent d'Ouest et de Nord-Ouest.

M. Fermont, pilote, dit que dans les grands coups de vent d'Ouest et de Nord-Ouest, les vagues peuvent avoir de 1 m 30 à 1 m 60 d'élévation au-dessus du creux à Quillebeuf; plus bas, elles ont plus d'élévation et de force.

Plusieurs membres de la Commission pensent que le pilote Fermont a voulu parler de la hauteur à laquelle la lame s'élève contre les quais.

Les digues suffisamment fortes pourront résister. Il faut les élever jusqu'au niveau des hautes-mers de morte-eau.

Une largeur de 450 à 500 m pour le chenal à Tancarville lui paraît plus que suffisante pour la navigation. Il se charge de faire louvoyer, dans cette largeur, les plus grands bâtiments qui remontent la Seine.

Suivant lui, les roches de la pointe de Quillebeuf n'ont pas diminué de hauteur.

M. Fautrel, syndic de la marine, à Quillebeuf, interrogé par M le Président de la Commission sur l'opinion générale des marins, relativement à l'effet produit par les travaux exécutés au-dessus de Quillebeuf, et aux effets que pourraient produire les travaux à exécuter, déclare qu'il a entendu tous les marins se féliciter des résultats obtenus :

Approfondissement du lit ;

Disparition du Mascaret ou barre ;

Régularisation du lit et du courant de la rivière.

Les capitaines ne sont pas préoccupés de la crainte d'être jetés sur les enrochements.

Un bateau à vapeur s'étant trompé de route dans la brume, s'est jeté sur une de ces digues sans se faire de mal.

Les marins n'ont pas la moindre crainte de voir l'entrée de la rivière se détériorer par l'effet des travaux projetés ; au contraire, ils en conçoivent les plus belles espérances.

La Commission, en présence de cette unanimité, se déclare suffisamment bien renseignée en ce qui concerne les marins de Quillebeuf.

M. le Président propose à la Commission de se rendre demain au Havre, pour compléter les renseignements à prendre, et réparer, autant que possible, l'effet de l'absence regrettable de deux représentants du Havre dans le sein de la Commission nautique. Malgré tout ce que cette proposition a de gênant pour plusieurs des membres de la Commission, elle est acceptée à l'unanimité.

M. le Président remercie, au nom de la Commission, M. l'ingénieur Beaulieu, de la part qu'il a bien voulu prendre à ses travaux, et des nombreux et lumineux renseignements qu'il lui a fournis.

La Commission décide qu'elle se transportera au Havre, par eau, pour mieux juger des lieux et de la direction actuelle du chenal entre Quillebeuf, Tancarville et La Roque.

La séance est levée à 3 heures et demie.

Signé : LE SAULNIER DE VANHELLO, *Président.*

DE TESSAN, *Secrétaire.*

LETELLIER. MANOURY.

POGNON. VOLLET.

3e SÉANCE,

Du 23 *Août* 1850 (*au Havre.*)

La Commission nautique est partie de Quillebeuf le 23 août, à 10 heures 6 minutes du matin, à bord du bâteau à vapeur le *Jupiter*, de la compagnie des remorqueurs de la Seine, MM. Lenormand et Baudu, (ce bâteau ayant à sa remorque 5 bâtiments, dont un brick norwégien d'assez fort tonnage, mais non chargé).

Ce bâteau suit le grand chenal pour se rendre au Hâvre, et se dirige d'abord au sud, vers le marais Vernier, ensuite au S. S.-O., en longeant ce marais dans un chenal qui se réduit à la largeur de 300m et dont le courant ronge la rive sud. Il arrive ainsi jusqu'à la pointe de La Roque où il change brusquement de route, pour se porter au nord et même au N. N.-E., vers le Val-Salé de la terre de Tancarville. Il longe alors la côte escarpée du nord de l'embouchure, et traverse une seconde fois la baie en se dirigeant vers Honfleur. De là, le bâteau, quittant le chenal, traverse une troisième fois la baie en se dirigeant vers le Hâvre, et passe ainsi sur un banc qui longe la rivière et se joint au banc d'Amfard. En sondant à la perche, on a trouvé sur le sommet de ce banc 3m 90, vers 1 heure 36 minutes de l'horloge du musée du Hâvre. Pour éviter de passer sur ce banc, il aurait fallu continuer à courir environ 4 à 5 milles (7,000 à 9,000m) plus à l'ouest, pour aller passer à l'occident du banc d'Amfard, ce qui aurait allongé considérablement la route.

La Commission est ainsi arrivée au Hâvre à 2 heures et demie.

Pendant la traversée, le pilote Napoléon Durand, déjà entendu, consulté sur la chaîne des roches appelées les *ors*, dit qu'elle traverse le lit de la rivière d'un bord à l'autre de la Seine, de Quillebeuf vers Radicatel ; que cette chaîne est presque horizontale, et que les têtes s'élèvent peu au-dessus du plateau. On ne peut pas compter obtenir plus de 1^m 90 d'eau de basse-mer sur ce plateau, ce qui limiterait à 3^m 90 le tirant d'eau des bâtiments qui pourraient le franchir de haute-mer de morte-eau, si on ne l'abaisse pas par des travaux d'art. Il ne connait pas la largeur de ce plateau dans la direction du courant de la rivière ; il pense que la nature de la roche est la même que celle de la côte (calcaire à rognons siliceux). M. Napoléon Durand a assisté comme pilote aux forages exécutés par les Ponts-et-Chaussées, et dit que c'est par mégarde que les forages n'ont pas été faits sur la chaîne même des *ors*, mais à côté, où la sonde n'a trouvé la roche qu'à 10^m 70.

Une largeur de chenal de 500^m lui paraît plus que suffisante pour la navigation. Il se chargerait d'y faire louvoyer un trois-mats. Il craindrait qu'en le faisant plus large, il ne se formât un banc dans son milieu ; ce qui pourrait gêner beaucoup la navigation.

La hauteur à donner aux digues lui paraît être celle des hautes-mers de morte-eau.

A son arrivée au Hâvre, la Commission s'est rendue chez M. le Commissaire général de la Marine. En son absence, M. le chef du secrétariat met un local à la disposition de la Commission qui entre immédiatement en séance à 3 heures un quart, pour entendre la lecture du procès-verbal de la dernière séance. Après quelques observations et modifications, la rédaction du procès-verbal est adoptée.

Il est décidé que la Commission entendra quatre capitaines du Hâvre, le chef du pilotage et M. l'ingénieur en chef des Ponts-et-Chaussées, qui sera prié de vouloir bien l'éclairer de ses lumières.

La prochaine réunion est fixée au lendemain 24 août, à 8 heures du matin.

La séance est levée à 4 heures.

Signé : LE SAULNIER DE VANHELLO, *président.*
DE TESSAN, *secrétaire.*
LETELLIER. POGNON.
MANOURY. VOLLET.

4e SÉANCE,

Du 24 *Août* 1850 (*au Havre.*)

La Commission se réunit à 8 heures du matin dans le local qui lui est affecté dans les bâtiments du commissariat général.

Il est donné lecture du procès-verbal de la dernière séance, et la rédaction en est adoptée.

La Commission entend d'abord M. Bonzan (Charles), maître au cabotage et ayant commandé des bâteaux remorqueurs de la Seine.

Il ne voit pas d'inconvénient dans la construction des digues projetées, en les arrêtant à Tancarville et à La Roque. Il n'en craint aucun mauvais effet pour la navigation; au contraire, il est persuadé qu'il en résultera une grande amélioration. Il n'approuverait pas la division du canal unique en deux embranchements de moindre largeur, qui suivraient les rives opposées de l'embouchure de la Seine.

Il estime de $0^{m}32$ à $0^{m}65$ seulement, la hauteur des vagues qui se forment dans les mauvais temps d'ouest et de N.-O., entre La Roque, Tancarville et Quillebeuf.

M. Exmelin, capitaine au long cours et commandant le Boïeldieu, ne pense pas que les travaux projetés, en les arrétant, comme le propose l'administration, à Tancarville pour la rive droite, et à La Roque pour la rive gauche, puissent avoir aucune influence sur le régime de la Seine, en aval, vers les ports de Honfleur, d'Harfleur et du Hâvre. Il ne croit pas que ces travaux puissent avoir pour effet de produire l'exhaussement des bancs qui obstruent l'embouchure de la Seine.

Il évalue de $0^{m}65$ à $0^{m}81$ la levée de la mer dans les gros temps, entre La Roque, Tancarville et Quillebeuf.

Il croit que les digues résisteront parfaitement à la grosse mer et aux courants.

Il regarde les travaux projetés comme devant être très utiles à la navigation. A ses yeux, la preuve que le commerce regarde les travaux exécutés comme ayant déjà bien amélioré la navigation, c'est que le prix du fret est resté, cet hiver, au même taux qu'il était l'été dernier.

M. Mazéras (Léopold), chef du pilotage au Hâvre, ne craint rien pour le port du Hâvre des travaux projetés, entre Quillebeuf, Tancarville et La Roque. Il ne connaît pas d'objections sérieuses contre ces travaux.

Il ne connaît aucun changement dans les environs du Hâvre qu'on puisse attribuer aux travaux exécutés dans la rivière en amont de Quillebeuf.

Les bâtiments qui manquent l'entrée du Hâvre, peuvent encore aujourd'hui, comme autrefois, se réfugier du côté du Hoc où ils trouvent assez d'eau pour rester à flot de basse-mer.

M. Renaud, ingénieur en chef des ponts-et-chaussées, est introduit, et sur l'invitation du président, présente diverses considérations sur les travaux projetés.

M. Renaud approuve complètement les travaux faits en amont de Quillebeuf, et dit qu'avec de pareils travaux on est toujours sûr d'améliorer le chenal des rivières navigables : partout où on les a entrepris, on a réussi.

Mais il regarde comme un grand danger pour le Hâvre, Honfleur et tous les petits ports de l'embouchure de la Seine, tout ce qui tendra à fixer le chenal, et, par suite, les bancs, parce qu'il est convaincu que ceux-ci ne tarderont pas à se changer en prairies en s'attachant au rivage, de manière à obstruer les ports.

Si les travaux entre Quillebeuf, Tancarville et La Roque devaient avoir pour résultat de fixer le chenal vers Honfleur, ce serait un danger pour le Hâvre, et, suivant M. Renaud, les digues à Tancarville devraient être dirigées de manière à ne pas jeter nécessairement le courant vers l'une des deux rives, mais à lui permettre de se promener d'une rive à l'autre comme par le passé. Sur l'observation que c'est là tout l'opposé de ce que demandent les marins, M. Renaud répond que c'est vrai, et qu'ici en effet, dans son opinion, l'intérêt des ports de l'embouchure de la Seine est l'opposé de celui de la navigation.

Sur l'observation d'un membre de la Commission que, pendant plusieurs années, le chenal s'est maintenu sur la côte sud sans aucun inconvénient pour le port du Havre, M. Renaud répond qu'il serait très important de constater ce fait par le dire des pilotes de Quillebeuf, et que s'il résultait de leurs déclarations, qu'en effet le chenal est resté 8, 9 ou 10 ans sur le même bord, ses craintes s'évanouiraient en grande partie, parce qu'il est certain que les dangers qu'il signale pour le Havre, ne se sont pas produits dans le passé. Toutefois, ce qui n'a pas eu d'effet sensible en 5 ans, 7 ans, 10 ans, peut en avoir de très marqués en 40 ou 50 ans.

Il paraît indispensable à M. Renaud de prolonger la digue de la rive droite, de Quillebeuf jusqu'à Tancarville.

M. Renaud pense, contrairement à l'opinion des pilotes de Quillebeuf, qu'il faudrait évaser davantage, et en le prenant de plus loin, le chenal entre les digues à son embouchure dans la baie, à Tancarville. Il craint que si le chenal débouche brusquement dans la baie avec sa largeur projetée, le courant ne perde trop rapidement sa vîtesse; qu'il ne se forme un banc trop près de l'entrée, et que le courant ne s'y divise en plusieurs branches d'une faible profondeur, au grand détriment de la navigation.

M. Renaud pense que la masse des alluvions est à peu près constante, ou s'accroît très lentement, et que, par suite, en fixant ces alluvions par des digues, on ne diminue pas d'une manière sensible la quantité d'eau qui entre à chaque marée dans la rivière et dans la baie, et qui en sort.

M. Renaud pense que la rivière fournit très peu de chose à ces alluvions, que la plus grande masse et surtout les sables sont apportés par les courants de flot et arrivent dans l'embouchure en longeant les côtes du Calvados. Il évalue à 0^{m} 027 la quantité de vase déposée par marée dans le port d'Honfleur.

M. Renaud serait disposé à attribuer à l'usure de la roche Le Mouton, à Quillebeuf, le fait de son abaissement actuel au-dessous de l'étiage; mais il se pourrait aussi que cela fût dû à un exhaussement général des bancs de l'embouchure jusqu'à Quillebeuf.

M. le Président adresse, au nom de la Commission, des remercîments à M. Renaud pour l'empressement qu'il a mis à répondre à son invitation, et pour les grands développements dans lesquels il a bien voulu entrer pour l'éclairer dans ses travaux.

M. Lecomte, capitaine au long cours, insiste sur la nécessité d'arrêter les travaux à Tancarville et à La Roque. En s'arrêtant là, il n'y a, dit-il, rien à craindre pour le Havre. Il ne croit pas que la fixation du chenal vers Honfleur soit un danger pour le Havre.

Il s'est du reste fort peu occupé de ces questions, n'ayant pas eu à naviguer dans la Seine.

M. Fiquet, maître au cabotage, ancien capitaine d'un remorqueur de la Seine et ancien membre de la première Commission nautique, conserve toujours contre les travaux faits ou à faire dans la Seine les mêmes appréhensions qu'il a manifestées lors de la première Commission, et n'approuve que le travail fait pour abaisser la traverse de Villequier. Il ne pourrait pas fournir de preuves certaines que les travaux exécutés en rivière ont déjà produit des envasements devant le Havre, mais il est persuadé que cela est.

Il est persuadé qu'on sera forcé, par la suite, de prolonger indéfiniment les digues, ce qui amènera infailliblement l'envasement du port du Havre.

Il verrait un grand avantage pour le Havre à ce qu'une partie des eaux de la rivière fut dirigée de manière à venir passer devant l'entrée du port.

Il a vu pendant 10 ans le chenal se maintenir vers Honfleur, sans qu'il en soit résulté d'inconvénient pour le Havre.

Il ne peut donner de renseignements sur la chaîne des roches appelées les Ors, à Quillebeuf; la navigation ne s'en préoccupe pas, parce qu'on y trouve toujours plus d'eau que sur les bancs situés en aval. Les travaux exécutés ont certainement amélioré la navigation dans la rivière, mais il craint que cet effet ne soit que momentané et ne se change en détérioration à l'avenir.

La Commission, consultée par le Président, se déclare suffisamment renseignée, et passe au vote sur les réponses à faire aux questions du programme.

1re PARTIE. — *De la Mailleraye à Villequier.*

1. Le banc des Meules est-il un obstacle à la navigation?

Réponse. Oui, à l'unanimité.

2. Son enlèvement par draguage peut-il avoir une influence sur le régime de la rivière en amont, notamment au port de Rouen?

R. Son enlèvement serait une amélioration pour la navigation, et ne pourrait faire changer, d'une manière sensible, le niveau d'étiage en amont; à l'unanimité.

3 et 4. Convient-il de faire des digues longitudinales entre la Mailleraye et Villequier?

Convient-il d'ajouter à ces digues un chemin de halage?

R. Oui, à l'unanimité, mais plusieurs membres trouvent que ce n'est pas là un travail pressant.

2e PARTIE. — *De Villequier à Quillebeuf.*

5. L'endiguement de la Seine entre Villequier et Quillebeuf a-t-il produit un abaissement d'eau sensible à Villequier, à Rouen, à Elbeuf?

R. Pas d'abaissement sensible; à l'unanimité.

6. Depuis l'exécution des digues, la traverse s'est-elle reformée entre les digues ou en aval?

R. Non, ni entre les digues ni en aval; à l'unanimité.

7. Quelles modifications les travaux ont-ils apportées dans

la marche des navires et dans le prix du fret? Indiquer le prix du fret avant et après l'exécution des travaux.

R. La marche a été améliorée et la durée du trajet considérablement abrégée ; le prix du fret tend à baisser.

La Commission ne peut en fixer le taux avant et après les travaux, parce que c'est une chose variable et soumise à de nombreuses influences; à l'unanimité.

3ᵉ PARTIE. — *De Quillebeuf à La Roque.*

8. Peut-on espérer contenir le chenal entre des digues?

R. Oui, à l'unanimité.

9. Quel serait le meilleur tracé des digues?

R. Le tracé du projet; à la majorité.

Un membre désire qu'il soit fait une étude plus complète des lieux et du tracé des digues.

10. Jusqu'à quelle hauteur les digues devront-elles s'élever?

R. Jusqu'au niveau des pleines mers de morte eau; à l'unanimité.

11. Faut-il s'arrêter à Quillebeuf?

R. Non; à l'unanimité.

12. Faut-il s'arrêter à Tancarville?

R. Oui, pour la digue de la rive droite; à l'unanimité.

13. Faut-il prolonger les digues jusqu'à La Roque?

R. Oui, pour la digue de la rive gauche, non pour la digue rive droite; à l'unanimité.

14. Les digues laissant entr'elles un intervalle de 500 mètres à Quillebeuf, quelle devrait être leur distance à Tancarville et à La Roque, eu égard à la manœuvre des

bâtiments à voiles, à la marche et à l'introduction des marées ?

R. de 500 à 600 mètres à Tancarville ; quant à la largeur à la pointe de La Roque, la Commission n'a pas à s'en préoccuper, puisque la digue de la rive droite ne doit pas se prolonger jusque-là ; à l'unanimité.

15. Comment faut-il terminer les digues ? par des fanaux, des amers ou des balises ?

R. Par deux fanaux de diverses couleurs, placés l'un à l'extrémité de la digue rive droite, à la pointe de Tancarville ; l'autre en face sur la digue rive gauche, de manière à bien marquer l'embouchure du chenal ; à l'unanimité.

16. Quel avantage ces travaux procureront-ils à la navigation ascendante et descendante ?

R. Un grand avantage, semblable à celui qui est résulté des travaux faits en amont de Quillebeuf : plus de rapidité dans les trajets et beaucoup moins de dangers.

17. Quel serait probablement le tirant d'eau des navires pouvant remonter jusqu'à Rouen en morte-eau ?

R. 4^{m} 00, si, comme l'affirment les pilotes de Quillebeuf, il existe réellement un plateau de roches presque horizontal, qui traverse le lit de la Seine d'un bord à l'autre, dans la direction de la pointe de Quillebeuf, et s'il ne reste sur ce plateau que 1^{m} 90 à 2^{m} 30 à l'étiage.

Ce plateau sur lequel les pilotes de Quillebeuf n'avaient pas attiré suffisamment l'attention des ingénieurs, devra être reconnu avec soin par des forages exécutés dans toute son étendue, pour rechercher s'il ne présenterait pas, en quelques parties, un abaissement plus considérable sur lequel on pût faire passer le chenal, ou s'il serait possible de l'abaisser par des travaux d'art, dans le cas où cela serait reconnu nécessaire.

18. Quelle pourrait être l'influence des digues sur la barre, sur les courants et sur les rives?

R. Entre les digues, suppression de la barre ou mascaret, et régularisation des courants et des rives; à l'ouest des digues, peu d'effet.

19. Quelle influence sur le port de Rouen?

R. Favorable sous le rapport commercial, à peu près nulle sous le rapport de l'étiage.

20. Quelle influence sur les ports du Havre, d'Honfleur et d'Harfleur?

R. Nulle sous tous les rapports, si le chenal continue à se promener d'un bord à l'autre de l'embouchure; favorable à Honfleur, sans inconvénient pour le Havre et Harfleur, si le chenal se fixe sur la rive sud, à partir de La Roque.

21. Quelle influence sur la baie de Seine?

R. Nulle.

22. Quelle influence sur la Risle et sur Pont-Audemer?

R. Nulle, si le chenal reste variable de position comme par le passé; favorable, s'il se fixe sur la rive sud, à partir de La Roque.

4e PARTIE. — *De La Roque au Havre.*

23. Quel est le tirant d'eau des navires pouvant remonter aujourd'hui en morte-eau de la mer à La Roque?

R. 3 m 90 à 4 m 20 de pleine mer de morte eau.

24. Quelles sont les directions et la situation des principaux courants de flot et de jusant entre la mer et Quillebeuf?

R. Au-dessous du niveau des mi-marées, c'est la direction variable des chenaux; au-dessus du niveau des mi-marées, c'est la direction Est et Ouest.

M. le Président annonce qu'il ne posera pas à la Commission nautique les questions adressées par la Chambre de Commerce de Rouen à la Commission d'enquête; la Commission décide qu'elle s'en tiendra aux questions du programme officiel.

M. le Président, avant de clore la séance, annonce à la Commission qu'il rendra compte de ses travaux à M. le Préfet du département de la Seine-Inférieure, et qu'il le priera d'appeler d'une manière toute particulière l'attention de M. le Président de la Chambre de Commerce sur le zèle et le dévouement dont les membres de la Commission, capitaines du commerce, ont donné tant de preuves dans les diverses excursions faites par la Commission, ainsi que pendant toute la durée de ses travaux.

La Commission adresse, à M. le Président et à M. le Vice-Président, de sincères remercîments pour la liberté complète et l'heureuse harmonie qu'ils ont fait régner dans son sein.

La séance est levée à 3 heures et demie, après avoir été interrompue de midi 40 minutes à 2 heures 20 minutes.

Signé : Le Saulnier de Vanhello, *président.*
De Tessan, *secrétaire.*
Letellier. Pognon.
Manoury. Vollet.

COMMISSION D'ENQUÊTE

DE LA SEINE-INFÉRIEURE.

PROCÈS-VERBAUX

DES SÉANCES.

1re SÉANCE,

Du 24 Septembre 1850 (*à Rouen.*)

Aujourd'hui, 24 septembre 1850, à midi, dans une salle de l'hôtel de la préfecture à Rouen, s'est réunie, sur la convocation spéciale de M. le Préfet de la Seine-Inférieure, la Commission nommée par arrêté du 30 juillet dernier, à l'effet d'examiner les déclarations consignées au registre d'enquête, et de donner son avis motivé, tant sur l'utilité des travaux à exécuter pour l'amélioration de la navigation de la Seine-maritime, que sur les diverses questions qui auront été posées par l'administration.

Sont présents :

MM. J. Rondeaux, *président.*

A. Le Mire.
Bouvier.
Clerc.
Darcel (Charles),
de Lillers.
Germonière.
Hurault de Ligny.
Le Carpentier.
Lefebvre.
Quibel.
Roulleau.

Il est donné lecture d'une lettre de M. Ferrère, président de la Chambre de Commerce du Havre, qui s'excuse, sur l'état de la santé de ses enfants, de ne pouvoir se rendre à la séance.

La Commission regrettant l'absence de M. Ferrère, et désirant que les intérêts de la ville du Havre soient toujours complètement représentés dans son sein, décide que son président sera chargé de prier M. le Préfet, dans le cas où M. Ferrère continuerait d'être empêché d'assister aux prochaines réunions, d'aviser à son remplacement.

M. le président propose à la Commission de compléter son bureau par la nomination d'un secrétaire, ce qui est adopté.

M. Germonière est nommé secrétaire.

M. le président déclare la séance ouverte; il dépose sur le bureau :

La lettre de M. le Ministre des Travaux Publics, en date du 16 juillet 1850, qui a ordonné l'enquête.

L'arrêté de M. le Préfet de la Seine-Inférieure du 30 juillet.

Les projets, plans, devis, et autres documents fournis par l'administration ou parvenus à la préfecture pour être remis à la Commission.

Puis, il prend la parole en ces termes :

Messieurs,

Appelé à l'honneur de présider cette Commission, dans

l'examen qu'elle va faire de la seconde partie d'une question dont il n'est plus besoin aujourd'hui de démontrer la nationalité, je crois de mon devoir, dans le but de faciliter nos travaux en les méthodisant, de bien fixer d'abord les objets dont nous avons à nous occuper. Nous arriverons ensuite à leurs détails.

L'enquête qui nous est déférée, porte uniquement sur deux projets, consistant: le premier dans la construction de deux digues longitudinales par enrochement, l'une sur la rive droite, l'autre sur la rive gauche de la Seine, entre La Mailleraye et Villequier; et cette dernière, dès à présent avec, ou provisoirement sans, chemin de halage.

Le second projet consiste dans le prolongement des digues longitudinales de la basse Seine; d'une part, jusqu'à Tancarville, sur la rive droite; d'autre part, jusqu'à la pointe de La Roque, sur la rive gauche.

Telles sont, Messieurs, les limites que l'autorité supérieure, en nous consultant, a posées à nos investigations actuelles.

Vous jugerez, sans doute, être sans qualité pour aller aujourd'hui plus loin; et vous vous redirez ce que M. l'ingénieur en chef Doyat exprimait si bien dans son rapport du 6 avril dernier :

« Les digues jusqu'à Tancarville et La Roque, une fois « construites, on verra, par les résultats qui seront obtenus, « ce qu'il restera à faire au-delà : jusque là, nous devons « nous abstenir de toute proposition à ce sujet: laissons « à l'expérience qui, en pareille matière, en dit plus que « toutes les théories, le soin de décider ce qu'il faudra « exécuter, et bornons-nous, pour le moment, à cons- « truire les deux digues, dont les directions n'ont soulevé, « en 1844, aucune objection vraiment sérieuse devant les « Commissions d'enquête et nautique. »

Ceci rappelé, j'ai à vous faire l'indication sommaire des pièces qui sont produites à l'enquête et déposées sur votre bureau.

Voici, avant tout, les deux projets soumis au complément d'instruction prescrit par M. le Ministre et les plans qui s'y rattachent.

Parmi les autres pièces, et sous les n°s 1 et 2, de nombreux habitants des villes et environs de Rouen et de Caudebec, commerçants, manufacturiers, marins, propriétaires, etc., expriment avec énergie leur approbation pleine et entière des projets dont il s'agit, et en sollicitent ardemment la prompte réalisation.

Il en est de même, sous les n°s 3 à 15, des Chambres de Commerce de :

3. — Alger,
4. — Avignon,
5. — Bordeaux,
6. — Boulogne-sur-Mer,
7. — Cherbourg,
8. — La Rochelle,
9. — Marseille,
10. — Morlaix,
11. — Nantes,
12. — Paris,
13. — Pont-Audemer,
14. — Saint-Malo,
15. — Toulon,

toutes motivent leur sympathie sur leur reconnaissance explicite du grand intérêt dont le succès de l'entreprise est pour toute la France.

Les pièces, numérotées 16 à 27, traitent successivement et dans leur ordre d'inscription officielle, toutes ou presque toutes les questions posées par M. le ministre.

Ces divers écrits émanent :

16. — Du Conseil municipal de Caudebec ; (ce Mémoire est inscrit sur le registre d'enquête ouverte à la mairie de la dite ville) ;

17. — De la Société libre pour concourir aux progrès du commerce et de l'industrie de Rouen ;

18. — De la Société libre d'Émulation de Rouen ;

19. — De M. Bouvier, capitaine de port à Villequier et membre de la Commission ;

20. — De M. Bien, ancien capitaine au long-cours, demeurant au Val-de-la-Haie ;

21. — De la Chambre syndicale des courtiers de Rouen ;

22. — De M. A. Lemazurier, de la ville d'Eu ;

23. — De M. Thomas, ancien commissaire de marine, en retraite, à Honfleur ;

24. — De M. A. Bréard, chancelier du consulat d'Angleterre, à Rouen ;

25. — De la Commission nautique ;

26. — De M. Dégenétais, propriétaire au Hâvre.

Ce dernier Mémoire a été inscrit sur le registre d'enquête, ouvert à la sous-préfecture du Hâvre. Il est à noter que M. Dégenétais, dans son Mémoire, développe un projet tout différent, et consistant dans la prompte réalisation de *travaux de rades avec forts, travaux qui deviendraient, sans modifications, les bouches de la Seine.* Toutes les réponses de M. Dégenétais aux questions posées par le ministre, sont faites dans la supposition de l'adoption de son projet.

27. — De M. Le Carpentier, membre de la Commission, maire de la ville d'Honfleur, qui, au nom de la Chambre de Commerce et dans l'intérêt de cette ville, dépose un Mémoire contenant les réponses aux diverses questions soumises à l'enquête.

Il n'est pas douteux que vous accorderez, à chacune de ces productions, l'attention très sérieuse que les lumières et le zèle patriotique de leurs auteurs méritent, mais vous allez avoir, pour cela même, à déterminer le mode suivant lequel vous croirez pouvoir en prendre, au mieux, connaissance.

Si la grande majorité est unanime sur les réponses à certaines questions, il existe quelques controverses sur d'autres. Celles de l'intervalle à établir entre les digues, eu égard à la marche et à l'introduction des marées; celles de l'abaissement éventuel des eaux, en amont, ont encore le plus occupé certains esprits. Vous les méditerez de nouveau, Messieurs, mais en vous souvenant, qu'à peu près, ou même, tout-à-fait, les mêmes questions ont été déjà discutées et résolues dans les divers rapports de Messieurs nos ingénieurs, et notamment dans celui du 26 janvier 1846, par MM. Doyat, Renaud et Tostain, avec l'habileté qui les distingue, et que, pour ce qui est exécuté, l'expérience a justifié leurs prévisions.

Quelque familiers que vous soyez individuellement avec les localités, j'imagine que vous voudrez en faire une inspection collective, et examiner sur place la partie du fleuve, en aval de Quillebeuf, à laquelle les projets s'appliquent.

Dans cet état de choses, je prends la liberté de vous proposer :

1° De décider de quelle manière vous allez vouloir parvenir à la connaissance exacte des pièces déposées;

2° De décider si, cette partie de l'instruction écrite étant une fois étudiée, vous ne croirez pas devoir y joindre l'enquête orale, afin de recueillir tous les documents propres à éclairer entièrement la question.

Et, jusque-là, de surseoir à toute détermination sur les réponses à faire aux questions que M. le ministre vous a posées.

A cet effet, Messieurs, j'ai l'honneur de déclarer la discussion ouverte.

Un premier débat a lieu sur la manière dont on procédera à l'examen des Mémoires, notes et observations envoyés à la Commission. Il est arrêté qu'il en sera fait immédiatement lecture *in extenso*, en prenant successivement dans leur ordre les questions posées par le Ministre, et que la conclusion de chaque réponse à chacune des questions sera consignée au présent procès-verbal, afin que la Commission puisse, par ce rapprochement, saisir dans son ensemble la divergence ou la conformité de vues et d'opinions sur tous les points de l'enquête.

Conformément à cette décision, il est donné successivement lecture de chaque réponse aux questions posées, et la conclusion est inscrite ainsi qu'il suit au présent procès-verbal.

1re PARTIE. — De la Mailleraye à Villequier.

Première question : *Le banc des Meules est-il un obstacle à la navigation?*

Conseil municipal de Caudebec : Oui; dans l'état actuel, il empêche de tirer parti de l'amélioration de l'aval.

Société libre du Commerce : Oui; aujourd'hui la nécessité du draguage est devenue aussi urgente qu'évidente.

Société libre d'Émulation : Oui; il est une cause permanente de dangers, et il retarde le passage des navires.

M. Bouvier : Oui; parce qu'il est à présent le point de la Basse-Seine où l'on trouve le moins d'eau.

M. le Carpentier : Oui; il est essentiel de lui faire subir un abaissement.

M. Bien : Oui.

3

Chambre syndicale des Courtiers : Oui ; réponse affirmative dans le sens le plus absolu. Il est aujourd'hui le principal obstacle à la navigation, entre Quillebeuf et Rouen, soit en montant, soit en descendant ; il serait indispensable de pouvoir passer sur ce banc de basse-mer, afin de mettre le moment de ce passage en rapport avec celui où l'on peut trouver assez d'eau dans la baie de Seine.

M. A. Lemazurier s'est abstenu.

M. Thomas s'est abstenu.

Commission nautique : Oui ; à l'unanimité.

M. Dégenétais : Oui ; l'enlèvement du banc des Meules sera un bienfait pour la navigation, surtout en redressant, autant que possible, le cours de la Seine sur ce point.

Deuxième Question : *Son enlèvement par draguage peut-il avoir une influence sur le régime de la rivière, en amont, notamment au port de Rouen ?*

Conseil municipal de Caudebec : La remonte de la marée se fera sentir plus tôt ; l'eau qui montera dans le fleuve sera plus considérable ; elle sera plus longtemps à dégorger. La durée du flot sera deux fois plus longue. Le temps pour l'écoulement des eaux venant de l'amont, sera réduit à deux heures. Le draguage ne peut causer l'amoindrissement des eaux en amont et dans le port de Rouen.

Société libre du commerce : L'expérience des faits accomplis depuis le commencement des travaux doit donner la certitude que l'abaissement du banc n'amènera aucun changement dans la hauteur de l'étiage au port de Rouen.

Société libre d'émulation : Non ; car le banc des Meules étant un ilot allongé dont le grand axe est parallèle et non pas perpendiculaire à celui du fleuve, il ne peut, dans l'état actuel, former barrage et retenue.

M. Bouvier : Il n'y aurait aucun inconvénient de baisse des eaux à craindre.

M. Le Carpentier : Non ; Il n'exercera pas d'influence fâcheuse.

M. Bien : Si la mer vient à baisser un peu plus bas au port de Rouen, (de 25 à 30 c.), la pleine mer pourra bien marquer aussi cette augmentation, et, le creux restant partout le même, il y aura, dès-lors, amélioration évidente.

Chambre syndicale des Courtiers : L'enlèvement du banc aura pour effet de prolonger la durée du flot à Rouen, durée déjà augmentée de 1 heure à 1 heure 1/2.

M. A. Le Mazurier s'est abstenu.

M. Thomas s'est abstenu.

Commission nautique : Son enlèvement serait une amélioration pour la navigation, et ne pourrait faire changer d'une manière sensible le niveau d'étiage en amont. A l'unanimité.

M. Dégenétais : L'enlèvement ne produira que peu ou point d'abaissement des eaux au port de Rouen, parce que le cours de la rivière sera toujours plus ou moins retenu par les alluvions faisant seuil en aval de l'endiguement de la Seine.

Troisième Question : *Convient-il de faire des digues longitudinales entre la Mailleraye et Villequier ?*

Conseil municipal de Caudebec : Oui ; les digues proposées suffiront pour améliorer cette partie du fleuve.

Société libre du Commerce : Oui ; il est de toute nécessité d'adopter l'endiguement complet proposé ; la simple consolidation des rives serait loin de produire le même effet, car elle laisserait au chenal une largeur trop grande, d'où résulteraient des obstacles du même genre que ceux qu'il s'agit de faire disparaître.

Société libre d'Émulation : Oui, et simultanément sur les deux rives, parce qu'il est indispensable que le régime de la rivière soit contenu dans un chenal méthodiquement rétréci.

M. Bouvier : Oui ; la hauteur d'eau augmenterait dans le chenal, en raison du rétrécissement.

M. le Carpentier : Oui ; cependant il sera bon d'examiner s'il ne conviendrait pas d'établir d'abord celle de la rive droite.

M. Bien : Oui ; tous ces endiguements, et particulièrement celui entre La Mailleraye et Villequier, ne doivent être qu'une bonne œuvre.

Chambre syndicale des Courtiers : Oui ; l'établissement des digues aura pour effet de remédier aux ravages que le flot contenu jusqu'à Villequier, cause nécessairement chaque jour sur des rives non défendues.

M. A. Lemazurier s'est abstenu.

M. Thomas s'est abstenu.

Commission nautique n'a pas répondu.

M. Dégenétais : Non ; parce que la marée montante qui se loge dans les petites baies ou mares qui sont là, fonctionne, comme l'eau d'une retenue, pour toute l'étendue de la baie de Seine non canalisée, pour y descendre les alluvions en aval. Ce sont là des avantages pour la navigation et pour la conservation des ports du Hâvre et de Honfleur, bien supérieurs aux avantages que donnerait l'établissement de digues avec chemin de halage.

Quatrième Question : *Convient-il d'ajouter à ces digues un chemin de halage?*

Conseil municipal de Caudebec : On peut sans inconvénient l'ajourner.

Société libre du Commerce : Oui.

Société libre d'Émulation : Non; quant à présent.

M. Bouvier : Oui; sur la rive gauche, à partir d'en face Caudebecquet jusqu'à La Mailleraye; sur la rive droite, à partir de Caudebec.

M. le Carpentier : Oui.

M. Bien s'est abstenu.

Chambre syndicale des Courtiers : Oui; c'est le complément naturel et nécessaire des digues.

M. A. Lemazurier s'est abstenu.

M. Thomas s'est abstenu.

Commission nautique : Oui, à l'unanimité; mais plusieurs membres trouvent que ce n'est pas là un travail pressant.

M. Dégenétais : Par sa réponse à la troisième question, n'a pas eu à répondre.

2e PARTIE. — De Villlequier à Quillebeuf.

Cinquième Question : *L'endiguement de la Seine entre Villequier et Quillebeuf a-t-il produit un abaissement d'eau sensible à Villequier, à Rouen, à Elbeuf?*

Conseil municipal de Caudebec : Non; malgré la grande sécheresse du printemps et la diminution des sources de nos rivières, l'endiguement n'a pas produit un abaissement de l'étiage plus considérable qu'à l'ordinaire, il est même descendu plus bas à des époques antérieures.

Société libre du Commerce : Non; la ligne d'étiage est restée à Rouen et à Villequier, en amont et au-dessous du banc des Meules, sur une longueur de 73 kilomètres, exactement la même qu'elle était avant les travaux.

Société libre d'Émulation : Non; il résulte des observations faites par les capitaines des ports que le niveau de l'étiage, dans les différents ports, s'est plutôt élevé en moyenne de quelques millimètres. La marée arrivant plus vite dans ces ports, y forme un obstacle à l'écoulement des eaux d'amont.

M. Bouvier : Non; l'endiguement de la Seine, quoique ayant donné une augmentation de creux sur la traverse, n'a produit à Villequier aucun abaissement remarquable.

M. Le Carpentier : Non ; malgré l'abaissement considérable du fond, entre Caudebec et Quillebeuf.

M. Bien : l'étiage pourra baisser de quelques centimètres, comme il l'a déjà fait pour se rapprocher du fond creusé, mais il ne peut y avoir aucune inquiétude à concevoir, car il y aura une heureuse compensation par l'approfondissement du chenal, et il restera toujours de l'eau en quantité suffisante pour toutes les navigations.

Chambre syndicale des Courtiers : Non ; les eaux n'ont pas éprouvé d'abaissement sensible à Villequier, à Rouen, à Elbeuf. La destruction de la traverse a favorisé la durée du flot qui se fait sentir aujourd'hui, non plus seulement jusqu'à Elbeuf, mais même jusqu'au pertuis de Poses. Si son influence s'arrête en cet endroit, c'est qu'il y existe une pente assez rapide résultant des draguages faits aux Gords au Seigneur, aux Vannes et dans le haut de Martot. Le retour de cette action périodique du flot est ce qui empêche les eaux descendantes d'éprouver un abaissement sensible.

M. A. Lemazurier : Oui; et maintenant c'est pour moi un fait certain et incontestable; le lit de la Seine découvre plus que par le passé. La marée de vive eau monte moins, mais dans les marées de morte eau, l'eau monte plus, (1 mètre 30 au lieu de 0 mètre 48 cent.), et remonte plus loin dans le fleuve.

M. Thomas s'est abstenu.

Commission nautique : Pas d'abaissement sensible ; à l'unanimité.

M. Dégenétais : Durant le beau temps, et sans vents

d'Ouest, on a dû reconnaître un abaissement d'eau à Villequier et même à Rouen, quoique le banc des Meules soit existant, parce que, dans ces circonstances, la marée montante apporte moins d'alluvions faisant seuil au chenal qui se vide plus profondément. On ne devrait pas réduire en amont la baie de Seine et surtout les mares ou baies, parce que le jusant de la Seine perdra de sa puissance pour repousser en aval les alluvions. Les travaux en cours d'exécution et projetés feront accroître les alluvions dans la baie de la Seine, au grand préjudice des ports du Hâvre et d'Honfleur.

Sixième Question : *Depuis l'exécution des digues, la traverse s'est-elle reformée entre les digues ou en aval?*

Conseil municipal de Caudebec : Non ; la traverse ne s'est point reformée entre les digues, elle continue de s'améliorer; si, en aval et même en amont des digues, le fond s'est un peu relevé, il faut l'attribuer à l'absence d'enrochement ; la continuation des travaux serait le moyen infaillible d'y remédier.

Société libre du Commerce : Non; il ne s'est reformé, en aucune partie de la ligne endiguée, aucun haut-fond, non-seulement aussi élevé que l'était anciennement la traverse, mais même aussi élevé que l'est aujourd'hui le banc des Meules.

Société libre d'Émulation : Non, à l'unanimité des capitaines et des pilotes. La traverse est un écueil qui a complètement disparu.

M. Bouvier : Non; le creux que l'on a obtenu sur la traverse, immédiatement après la confection des digues, n'a pas varié.

M. Le Carpentier : Non; Il ne s'est point formé de traverse entre les digues depuis leur exécution; en aval des digues, aucun changement appréciable n'a eu lieu.

M. Bien : Il ignore s'il s'est formé des bancs entre les digues déjà faites, et si, en aval, les hauts-fonds sont plus élevés, mais, en tous cas, il ne faudrait pas s'en alarmer.

Chambre syndicale des Courtiers : Non ; et il ne paraît pas présumable qu'elle puisse se reformer.

M. A. Lemazurier s'est abstenu.

M. Thomas s'est abstenu.

Commission Nautique : Non; ni entre les digues ni en aval ; à l'unanimité.

M. Dégenétais : Les travaux d'endiguement descendus jusqu'à 2,000 mètres en amont de Quillebeuf, n'ont pas été attaqués, parce qu'ils se trouvent encore complètement submergés par toutes les marées de vive-eau et par les grandes eaux de la rivière.

Septième Question : *Quelles modifications les travaux ont-ils apportées dans la marche des navires et dans le prix du fret ? Indiquer le prix du fret avant et après l'exécution des travaux?*

Conseil municipal de Caudebec : Relativement au fret et au remorquage, il existe déjà de notables diminutions qui probablement ne seront pas les dernières.

Chambre Syndicale des Courtiers : Avant l'exécution des travaux, les navires devaient s'arrêter au bas de la Seine souvent pendant 8 jours et plus, pour y attendre une marée qui leur permît de monter.

Les navires calant 3 m 33 et au-dessus, indépendamment de ces retards, étaient obligés d'alléger.

L'éventualité des pertes et des avaries en Seine écartait des capitaines de navires, notamment les Norvégiens. Aujourd'hui, les navires calant 3 m 66 à 3 m 80 peuvent tous les jours, dans les marées de morte-eau, monter sans alléger. Ceux de 4 m 33 à 4 m 66 montent sans alléger dans les marées de vive-eau. Dans ces conditions, un navire peut, à l'aide d'un remorqueur, monter de la rade du Havre à Rouen en 12 heures.

Dans cette campagne :

35 Norvégiens sont montés à Rouen.

8 à 10 id. sont attendus.

15 id. sont montés à Caudebec.

Avant les travaux, le fret était communément :

de Bordeaux à Rouen, de fr. 18 à 25 ; il est réduit à 12 à 15 fr.

de la Méditerranée à Rouen, de fr. 35 à 40, et est réduit à 25 à 30 fr.

On ne doit pas toutefois attribuer seulement à l'effet des travaux cette différence considérable ; la concurrence des moyens de transport par terre y a aussi sa part, et, pour mieux apprécier cet effet, il faut plutôt faire le rapport entre les prix de fret payés des divers ports ci-dessus désignés en destination du Havre, et ceux payés des mêmes ports en destination de Rouen.

Ainsi, avant les travaux, on chargeait de Bordeaux pour le Havre à 5 ou 6 fr. par tonneau de moins que pour Rouen, et cette différence, pour les marchandises venant de la Méditerranée, était de 10 fr. Aujourd'hui la différence est de :

2 à 3 fr. pour les provenances de Bordeaux.

5 fr. id. id. de Marseille.

Sur les charbons anglais, la différence de fret entre le Havre et Rouen n'est plus que de 2 francs.

Société libre du Commerce : Mêmes conclusions. Dès aujourdhui, on constate des améliorations considérables dans la condition de la navigation. Les navires de 4 m 50 et au-dessus montent sans alléger. On n'entend plus parler d'avaries. Les naufrages ont disparu.

Il n'existe plus qu'une faible différence entre le prix du

fret pour Rouen et le Havre ; elle disparaîtra bientôt complètement.

Société libre d'Émulation : Mêmes conclusions. Les travaux ont apporté des modifications importantes à l'avantage des navires et aussi à l'avantage du commerce.

M. A. Le Mazurier s'est abstenu.

M. Bouvier : Mêmes conclusions. Depuis 1848, époque du commencement de la construction des digues, il n'y a pas eu d'échouement, pas de naufrages, tandis que de 1842 à 1847, la moyenne des échouements a été de 30 chaque année, et il y a eu un naufrage par an.

M. Bien : Mêmes conclusions.

M. Le Carpentier : Mêmes conclusions.

M. Thomas s'est abstenu.

Commission Nautique : La marche a été améliorée et la durée du trajet considérablement abrégée ; le prix du fret tend à baisser. La Commission ne peut en fixer le taux avant et après les travaux, parce que c'est une chose variable et soumise à de nombreuses influences ; à l'unanimité.

M. Dégenétais : On est d'accord à reconnaître que les travaux commencés pour l'endiguement, sont, dans l'état actuel, très favorables à tous les intérêts et surtout à la navigation de Rouen ; mais cet état de choses changera par l'élévation des berges de la rivière.

3e PARTIE. — De Quillebeuf à La Roque.

Huitième Question : *Peut-on espérer contenir le chenal entre des digues ?*

Conseil municipal de Caudebec : Oui ; en aval de Quillebeuf, comme en amont, il y a certitude de contenir le chenal entre deux digues, à la condition que leur cube augmentera en raison des résistances qu'elles auront à faire.

Société libre du Commerce : Oui; il n'y a aucune raison de penser que le chenal soit plus difficile à contenir entre des digues, de Quillebeuf à La Roque.

Société libre d'Émulation : Oui ; à l'unanimité. Les résultats déjà obtenus sont démonstratifs.

M. Bouvier : Oui.

M. Le Carpentier : Oui.

M. Bien : Oui ; pourvu que ces digues soient faites d'après les plans des ingénieurs.

Chambre syndicale des Courtiers s'est abstenue.

M. A. Lemazurier s'est abstenu.

M. Thomas : Oui.

Commission Nautique : Oui, à l'unanimité.

M. Dégenétais : Non, on ne pourra contenir le chenal entre les digues, en allant de l'amont vers l'aval, surtout en cintrant les digues depuis Quillebeuf jusqu'au Nais de Tancarville, et ensuite jusqu'à la pointe de La Roque où, d'ailleurs, on ne pourra arrêter l'endiguement, même avec l'aide du projet d'une digue insubmersible, barrant la baie de Seine, pour ne laisser à son chenal qu'environ 500 mètres de largeur. Ces travaux déterminant une montée de marée de 17 mètres en 50 minutes environ, produiraient une série de catastrophes qui, finalement, amèneraient l'anéantissement du port du Havre où les navires n'auraient bientôt plus d'accès, l'innavigabilité de la baie de Seine, et la submersion probable de la vallée de la Risle et du pays tout entier, à plus de 2 mètres au-dessus du sol des habitations actuelles.

Neuvième Question : *Quel serait le meilleur tracé des digues ?*

Conseil municipal de Caudebec : Approbation des plans proposés par les ingénieurs.

Société libre du Commerce : Approbation des plans des ingénieurs.

Société libre d'Émulation : Approbation des plans des ingénieurs; c'est le tracé qui se rapproche le plus de la direction naturelle et du cours primitif du fleuve, direction que les marins et les pilotes préfèrent lorsque le chenal s'y porte.

M. Bouvier : Approbation du plan des ingénieurs.

M. Le Carpentier : Approbation du plan des ingénieurs. Toutefois il y a lieu d'examiner si la digue rive gauche ne devrait pas passer un peu plus au large de La Roque.

M. Bien : Approbation du plan des ingénieurs.

Chambre syndicale des Courtiers s'est abstenue.

M. A. Lemazurier : C'est sans doute celui qui est figuré dans l'enquête, planche 1re ; mais il faut éviter à tout prix la rencontre des rochers, soit en faisant remonter la courbure de l'endiguement plus vers le nord, soit en la rapprochant vers le midi.

M. Thomas : Approbation du plan des ingénieurs, mais pense qu'il faudrait continuer l'endiguement jusqu'à Amfard, rive nord, et Berville, rive sud.

Commission Nautique : Le tracé du projet; à la majorité. Un membre désire qu'il soit fait une étude plus complète des lieux et du tracé des digues.

M. Dégenétais : Il faut arrêter l'endiguement de la Seine à environ 2,000 mètres en amont de la pointe de Quillebeuf, principalement par ce motif que la sagesse commande, de voir réaliser sans retard les bouches de la Seine, au point où la terre est plus avancée en mer, pour que les navigateurs évoluent plus facilement à la sortie et à l'entrée des bouches de la Seine. C'est là qu'il convient d'établir la rade avec deux digues s'élongeant du nord au sud, sur une partie des écueils appelés les hauts de la rade et le banc de l'Éclat; tous les intérêts généraux commandent de se hâter de réaliser l'établissement de cette rade.

Lorsque ces études seront complétées, on pourra attaquer l'ensemble de ces grands travaux: les bouches de la Seine, puis l'endiguement en aval de Quillebeuf.

Dixième Question : *Jusqu'à quelle hauteur les digues devront-elles s'élever?*

Conseil municipal de Caudebec : La digue gauche de La Roque, à la hauteur de Tancarville, doit être complètement insubmersible. La digue droite, en commençant à Tancarville, devrait être également insubmersible sur une longueur de 2,000 mètres.

Le surplus des digues gauche et droite, en remontant jusqu'à Quillebeuf, devrait être arasé à la hauteur des marées de morte-eau.

Société libre du Commerce : Le mode employé pour la confection des digues en amont de Quillebeuf, devra être suivi en aval de ce point.

Société libre d'Émulation : A celle des basses-mers d'abord, puis successivement, pour arriver, comme maximum, au niveau des pleines-mers de morte-eau, en les maintenant assez basses pour qu'elles soient toujours submersibles dans les grandes marées.

M. Bouvier : A la hauteur donnée aux digues faites.

M. Le Carpentier : A la moindre hauteur possible, mais cependant de manière à dépasser les bancs de 1 mètre.

M. Bien : Les digues doivent s'élever au fur et à mesure des alluvions, jusqu'au moment où le chenal sera creusé et les sables herbés.

Chambre syndicale des Courtiers s'est abstenue.

M. A. Lemazurier s'est abstenu.

M. Thomas : Il convient de continuer comme on a commencé : entamer d'abord celle de la rive gauche.

Commission nautique : Jusqu'au niveau des pleines-mers de morte-eau ; à l'unanimité.

M. Dégenétais : La solution donnée à la neuvième question, dispense l'auteur du Mémoire de répondre à celle-ci.

Onzième question : *Faut-il s'arrêter à Quillebeuf?*

Conseil municipal de Caudebec : Non ; il faut nécessairement continuer les enrochements, d'un côté, jusqu'à Tancarville ; de l'autre, jusqu'à La Roque.

Société libre du Commerce : Non ; le plus loin possible ; plutôt jusqu'à Tancarville qu'à Quillebeuf ; plutôt jusqu'à La Roque qu'à Tancarville.

Société libre d'Émulation : Non ; ce serait compromettre la digue de la rive droite dont l'extrémité actuelle est isolée et sans soutien.

M. Bouvier : Non ; s'arrêter à Quillebeuf serait une faute.

M. Le Carpentier : Non ; car si l'on s'arrêtait à Quillebeuf, on laisserait subsister tous les obstacles que la navigation rencontre en aval de ce point.

M. Bien : Non.

Chambre syndicale des Courtiers : Non ; il y a nécessité absolue de prolonger les digues jusqu'à la pointe de Tancarville et jusqu'à celle de La Roque.

M. A. Lemazurier s'est abstenu.

M. Thomas s'est abstenu.

Commission nautique : Non ; à l'unanimité.

M. Dégenétais : La solution donnée à la neuvième question le dispense de répondre à celle-ci.

Douzième question : *Faut-il s'arrêter à Tancarville?*

Conseil municipal de Caudebec : Non ; il faut quant à présent pousser les travaux, rive gauche, jusqu'à La Roque.

Société libre du Commerce : Non.

Société libre d'Émulation : Oui ; quant à présent, sur la rive droite.

M. Bouvier : Non ; les courants de flot ne seraient pas fixés, ils se porteraient dans le marais Vernier.

M. Le Carpentier : Non ; le prolongement des digues jusqu'à Tancarville ne suffirait pas.

M. Bien : Non.

Chambre syndicale des Courtiers : Non.

M. A. Lemazurier s'est abstenu.

M. Thomas : Non.

Commission nautique : Oui ; pour la digue de la rive droite ; à l'unanimité.

M. Dégenétais : La solution donnée à la neuvième question le dispense de répondre à celle-ci.

Treizième question : *Faut-il prolonger les digues jusqu'à La Roque?*

Conseil municipal de Caudebec : Oui ; l'enrochement de la rive gauche jusqu'à La Roque est plus que nécessaire, il est indispensable.

Société libre du Commerce : Oui.

Société libre d'Émulation : Oui ; mais il faut commencer la digue en suivant le tracé par les deux extrémités, simultanément sur une longueur de 2 à 3 kilomètres, à partir de La Roque et de Quillebeuf.

M. Bouvier : Oui ; c'est le seul moyen de donner au flot et au jusant une direction qui assurera la régularité de ces courants.

M. Le Carpentier : Oui ; mais ces digues ne seront pas suffisantes pour obtenir tous les résultats que l'on peut désirer ; le chenal devrait être fixé par une double digue dans tout son parcours.

M. Bien : Oui.

Chambre syndicale des Courtiers : Oui.

M. A. Lemazurier s'est abstenu.

M. Thomas : Oui ; mais il convient de s'occuper dès à présent des conséquences qu'aura l'exécution de ces travaux, et de voir ce qui devra être ultérieurement entrepris pour l'amélioration de la Seine.

Commission nautique : Oui ; pour la digue de la rive gauche, non pour la digue rive droite ; à l'unanimité.

M. Dégenétais : La solution donnée à la neuvième question le dispense de répondre à celle-ci.

Quatorzième question : *Les digues laissant entr'elles un intervalle de* 500^{m} *à Quillebeuf, quelle devrait être leur distance à Tancarville et à La Roque, eu égard à la manœuvre des bâtiments à voiles, à la marche et à l'introduction des marées ?*

Conseil municipal de Caudebec : De Quillebeuf à Honfleur, l'élargissement devrait être de 30 mètres par kilomètre. On doit moins craindre l'excès de la largeur que son insuffisance ; car dans cette dernière hypothèse, l'erreur serait irréparable ; de plus, quand il faut louvoyer, un chenal large est plus avantageux, la manœuvre est plus facile. En résumé, 680 mètres à Tancarville, 800 mètres à La Roque, 1,200 mètres à Honfleur. La forme conoïdale très prononcée, donnée à l'embouchure du fleuve, favorisera la remonte de la marée.

Société libre du Commerce : Une ouverture de 700 mèt. à La Roque, paraîtrait offrir un espace suffisant.

Société libre d'Émulation : La distance fixée par le projet est peut-être un peu restreinte ; les marins ne voient pas d'inconvénient à ce qu'on porte la largeur du chenal 600 mètres, devant le Nais de Tancarville, et à 800 mètres en face de La Roque.

M. Bouvier : 600 mèt. à Tancarville, 700 à La Roque.

M. Le Carpentier : Un chenal de 500 mèt. sera plus que suffisant ; la proportion d'un élargissement de 10 mètres par kilomètre, adoptée par les ingénieurs, paraît convenable.

M. Bien : 500 mètres.

Chambre syndicale des Courtiers s'est abstenue.

M. A Lemazurier : 700 mèt. devant Quillebeuf, pour arriver à 1,200 mèt. devant Honfleur, en ne donnant pas moin de 20 mèt. d'élargissement par kilomètre en aval de Quillebeuf. Si l'on adoptait un chenal trop étroit, le mal serait irréparable.

M. Thomas s'est abstenu.

Commission nautique : De 500 à 600 mètres à Tancarville. Quant à la largeur à la pointe de La Roque, la Commission n'a pas à s'en préoccuper, puisque la digue de la rive droite ne doit pas se prolonger jusque là ; à l'unanimité.

M. Dégenétais : Le chenal devrait avoir à Quillebeuf tout au plus 400 mètres, en s'élargissant en proportion des rivières qui se jettent dans la Seine. Devant le Hâvre, le chenal obtiendrait 550 mèt. environ.

Quinzième Question : *Comment faut-il terminer les digues ; par des fanaux, des amers ou des balises ?*

Conseil municipal de Caudebec : Par des fanaux placés sur les digues.

Société libre du Commerce s'est abstenue.

Société libre d'Émulation : Par des fanaux, sans contredit, lorsque le tassement des digues permettra de garantir la solidité des constructions; par des balises peu dispendieuses jusque-là.

M. Bouvier : Par des fanaux de diverses couleurs.

M. Le Carpentier : Provisoirement par des tonnes placées sur les digues.

M. Bien s'est abstenu.

Chambre syndicale des Courtiers s'est abstenue.

M. A. Lemazurier s'est abstenu.

M. Thomas s'est abstenu.

Commission nautique : Par deux fanaux de diverses couleurs, placés : l'un à l'extrémité de la digue rive droite, à la pointe de Tancarville ; l'autre, en face, sur la digue rive gauche, de manière à bien marquer l'embouchure du chenal ; à l'unanimité.

M. Dégenétais : Les amers, les fanaux, les balises sont indispensables aux navigateurs, ainsi que les cloches pour les temps de brouillard. Le port de Rouen devrait supporter une partie de la dépense, car il en profiterait.

Seizième Question : *Quel avantage ces travaux procureraient-ils à la navigation ascendante et descendante?*

Conseil municipal de Caudebec : Donner aux navires d'un assez fort tonnage la facilité de descendre à la mer ou de monter au port de Rouen tous les jours, et non plus 8 jours par mois seulement.

Société libre du Commerce : Accroître les résultats déjà obtenus en raison directe de l'étendue des travaux d'endiguement.

Société libre d'Émulation : Rendre la Seine, depuis son embouchure jusqu'à Rouen, facile à fréquenter par des navires d'un plus fort tonnage.

M. Bouvier s'est abstenu.

M. Le Carpentier : Faire disparaître la barre, régulariser et approfondir le chenal, diminuer et régulariser la vitesse des courants, augmenter la durée du flot et celle de l'èbe. La navigation en obtiendra donc les plus grands avantages.

M. Bien : Donner un plus grand tirant d'eau. Il n'y aura plus de posées dangereuses.

Chambre syndicale des Courtiers s'est abstenue.

M. A. Lemazurier s'est abstenu.

M. Thomas : Débarrasser le fleuve des sables qui en obstruent le cours, nettoyer l'embouchure des bancs qui l'encombrent.

Commission nautique : Un grand avantage, semblable à celui qui est résulté des travaux faits en amont de Quillebeuf : plus de rapidité dans les trajets et beaucoup moins de dangers.

M. Dégenétais, pas de réponse.

Dix-septième Question : *Quel serait probablement le tirant d'eau des navires pouvant remonter jusqu'à Rouen, en morte-eau?*

Conseil municipal de Caudebec : Cinq mètres certainement.

Société libre du Commerce : Cinq à six mètres ; les navires remonteraient facilement, après l'endiguement de La Mailleraye à Villequier et le dragage du banc des Meules.

Société libre d'Émulation : Au minimum cinq mètres.

M. Bouvier : Quatre mètres tant que le banc des Meules ne sera pas enlevé.

M. Le Carpentier : Six mètres, après avoir abaissé le banc des Meules de 2 m. 50 ; autrement 4 m. 50 c.

M. Bien : N'a pas indiqué le tirant d'eau.

Chambre syndicale des Courtiers s'est abstenue.

M. A. Lemazurier s'est abstenu.

M. Thomas s'est abstenu.

Commission nautique : Quatre mètres, si, comme l'affirment les pilotes de Quillebeuf, il existe réellement un plateau de Roches presque horizontal, qui traverse le lit de la Seine d'un bord à l'autre dans la direction de la pointe de Quillebeuf, et s'il ne reste sur ce plateau que 1 m. 90 à 2 m. 30 c. à l'étiage.

Ce plateau, sur lequel les pilotes de Quillebeuf n'avaient pas attiré l'attention des ingénieurs, devra être reconnu avec soin par des forages exécutés dans toute son étendue, pour rechercher s'il ne présenterait pas, en quelques parties, un abaissement plus considérable sur lequel on pût faire passer le chenal, ou s'il serait possible de l'abaisser par des travaux d'art, dans le cas où cela serait reconnu nécessaire.

M. Dégenétais : Si l'on fait la coupure de la pointe de Quillebeuf, on pourra, là, faire un seuil pour retenir les eaux en amont, et en suffisante hauteur, pour que les plus grands navires puissent, au plein de la mer, remonter à Rouen.

Dix-huitième Question : *Quelle pourrait être l'influence des digues sur la barre, sur les courants et sur les rives ?*

Conseil municipal de Caudebec : Les digues feront disparaître la barre, régulariseront les courants qui remonteront plus en amont, préserveront les rives des érosions, et les consolideront.

Société libre du commerce : La barre disparaîtra partout où le courant de la Seine, reserré entre les digues, pourra agir pour l'approfondissement du chenal. Les courants seront réguliers, sans aucuns de ces mouvements désordonnés si redoutés des marins. Les rives garanties ne seront plus, comme aujourd'hui, minées par l'action du flot, et se rattacheront par des alluvions aux digues elles-mêmes.

Société libre d'émulation : Détruire la barre , régulariser les courants , empêcher l'érosion des rives.

M. Bouvier : Mêmes conclusions.

M. Le Carpentier : Mêmes conclusions.

M. Bien : Mêmes conclusions.

Chambre syndicale des Courtiers s'est abstenue.

M. A. Lemazurier s'est abstenu.

M. Thomas s'est abstenu.

Commission nautique : Entre les digues , suppression de la barre ou Mascaret, et régularisation des courants et des rives ; à l'Ouest des digues , peu d'effet.

M. Dégenétais, pas de réponse.

Dix-neuvième Question : *Quelle influence sur le port de Rouen ?*

Conseil municipal de Caudebec : Ranimer la navigation dans le port de Rouen.

Société libre du commerce : Accroître chaque jour , pour ce port, au grand avantage du commerce de toute la France, les avantages déjà obtenus par les travaux faits.

Société libre d'émulation : Y prolonger la durée de la marée, en faciliter l'accès et la fréquentation par des navires du plus fort tonnage ; par suite, faire, au besoin, de toute la Basse-Seine, un lieu de refuge pour la marine militaire.

M. Bouvier : Les navires d'un tirant de 1^{m} à 1^{m} 1/2 de plus qu'autrefois, pourront y arriver.

M. Le Carpentier : Comme influence hydrographique, nulle. Le creusement du chenal, en aval de Quillebeuf, n'entraînera aucun abaissement du niveau de l'étiage à Rouen; comme influence commerciale, elle sera très favorable ; la question est résolue par la réponse à la 17e.

M. Bien : Pas de réponse.

Chambre syndicale des Courtiers s'est abstenue.

M. A. Lemazurier s'est abstenu.

M. Thomas : Rendre ce port plus abordable et par de plus grands navires.

Commission Nautique : Favorable sous le rapport commercial, à peu près nulle sous le rapport de l'étiage.

M. Dégenétais : Tous les travaux qui donneront le plus de profondeur à la rivière, abaisseront le plus la basse-mer à Rouen, ou il faudrait y établir, à grands frais, des écluses pour la navigation de la Haute-Seine. Il faut se poser au bas de la rivière et dans ses bouches pour que les navires n'y perdent pas de temps.

Vingtième Question : *Quelle influence sur les ports du Havre, d'Honfleur et d'Harfleur?*

Conseil municipal de Caudebec : Elle ne peut être que favorable aux ports de l'embouchure. Les bancs qui obstruent l'entrée du Havre, d'Honfleur et d'Harfleur, ne proviennent point de la Seine, mais de la mer.

Société libre du Commerce : Le port d'Honfleur pourra être dans une condition meilleure qu'aujourd'hui ; l'influence sera nulle pour les ports d'Harfleur et du Havre.

Société libre d'Émulation : Sur le port du Havre : nulle. Sur le port d'Honfleur : approfondir ses abords en attirant les courants de son côté, et améliorer la navigation entre ce port et Quillebeuf. Sur le port d'Harfleur : influence directement contraire ; par suite, anéantissement probable de ce port, à moins que l'on ne prévienne ce résultat par l'endiguement de la Lézarde.

M. Bouvier : Sur le Havre : nulle. Honfleur, après l'endiguement, sera dégagé des bancs ; il en sera de même d'Harfleur.

M. Le Carpentier : Influence heureuse sur les ports de l'embouchure du fleuve. Les bancs, qui encombrent les abords de ces trois ports, ne pourront que diminuer en hauteur et en étendue.

M. Bien : Avantageuse pour les trois ports.

Chambre syndicale des Courtiers s'est abstenue.

M. A. Lemazurier s'est abstenu.

M. Thomas : Aucune influence fâcheuse sur le port du Havre. Influence profitable à Honfleur.

Commission Nautique : Nulle sous tous les rapports, si le chenal continue à se promener d'un bord à l'autre de l'embouchure; favorable à Honfleur, sans inconvénient pour le Havre et Harfleur, si le chenal se fixe sur la rive sud, à partir de La Roque.

M. Dégenétais : Harfleur ne pourra, avec l'endiguement de la Seine, obtenir de communication avec le fleuve. C'est par le Havre qu'il pourra communiquer à la mer, en rétablissant l'ancien canal Vauban que la Lézarde alimenterait utilement en se déchargeant dans le bassin de ce nom.

La réponse, relativement aux ports du Havre et d'Honfleur, se trouve sous les 6e 8e et 9e questions, selon l'auteur.

Les travaux en cours d'exécution et projetés feront accroître les alluvions dans la baie de la Seine, au grand préjudice des ports du Havre et d'Honfleur, bien que les marées montantes fixeraient de grandes quantités d'alluvions au sol qui se forme à l'appui des digues.

Vingt-unième Question : *Quelle influence sur la baie de Seine?*

Conseil municipal de Caudebec : Rendre à l'agriculture des terrains considérables, augmenter les revenus du Trésor, faire disparaître la cause des fièvres qui, de temps immémorial, déciment les populations.

Société libre du Commerce : Modifier faiblement la baie tant que les digues ne seront pas prolongées au-delà de La

Roque, et, probablement, déterminer plus souvent la direction du chenal principal vers la gauche de la baie.

Société libre d'Émulation : Aucune, en s'arrêtant aux limites du projet. Possibilité de voir les courants se porter plus volontiers du côté d'Honfleur.

M. Bouvier : Aucune influence dommageable pour la baie.

M. Le Carpentier : Influence favorable ; la durée du flot et de l'étale sera augmentée dans la baie.

M. Bien : Plutôt favorable à la baie.

Chambre syndicale des Courtiers s'est abstenue.

M. A. Le Mazurier s'est abstenu.

M. Thomas : Influence favorable.

Commission Nautique : Nulle.

M. Dégenétais : Les travaux projetés produiraient une série de catastrophes.

A La Roque, les alluvions ne tarderaient pas à monter d'environ 2 mètres de plus que celles du marais Vernier ; le chenal ne pouvant absorber que les 5/6e du flot, les eaux détermineraient un accroissement de marée qui pourrait être de plus de 3 mètres au-dessus de la plus grande hauteur atteinte par les eaux dans l'état actuel. Il résulterait de cette circonstance et de quelques autres phénomènes, que la marée aurait une pente d'environ 12m42c sur une distance de 22 kilom ; de là, une violence des courants qui entraîneraient devant le port du Havre des alluvions considérables, et ce port serait anéanti.

Vingt-deuxième question : *Quelle influence sur la Risle et sur Pont-Audemer?*

Conseil municipal de Caudebec : L'écoulement de la Risle sera plus facile ; les prairies de son littoral seront moins souvent submergées ; l'accès de Pont-Audemer sera plus aisé.

Société libre du Commerce : L'embouchure de la Risle sera dégagée, et par suite sa navigation ; la prospérité de Pont-Audemer ne pourra qu'y gagner.

Société libre d'Émulation : Mêmes conclusions.

M. Bouvier : Mêmes conclusions.

M. Le Carpentier : Mêmes conclusions.

M. Bien : Ne s'est pas expliqué catégoriquement.

Chambre syndicale des Courtiers s'est abstenue.

M. A. Lemazurier s'est abstenu.

M. Thomas : Rendre ce port plus abordable, et par de plus grands navires.

Commission nautique : Nulle, si le chenal reste variable de position, comme par le passé ; favorable, s'il se fixe sur la rive du sud, à partir de La Roque.

M. Dégenétais : Même réponse que pour la vingt-unième question.

4e PARTIE. — De La Roque au Havre.

Vingt-troisième question : *Quel est le tirant d'eau des navires pouvant remonter aujourd'hui, en morte-eau, de la mer à La Roque ?*

Conseil municipal de Caudebec : Quatre mètres.

Société libre du Commerce : Manque de renseignements.

Société libre d'Émulation : 4m15, au maximum.

M. Bouvier : Le 31 août, jour de la plus basse marée, un navire est monté, tirant 3m27.

M. Le Carpentier s'est abstenu.

M. Bien s'est abstenu.

Chambre syndicale des Courtiers s'est abstenue.

M. A. Lemazurier s'est abstenu.

M. Thomas s'est abstenu.

Commission nautique : 3^m90 à 4^m20, de pleine mer de morte-eau.

M. Dégenétais : Renvoi aux réponses aux sixième et dix-septième questions.

Vingt-quatrième question : *Quelles sont les directions et la situation des principaux courants de flot et de jusant entre la mer et Quillebeuf?*

Conseil municipal de Caudebec : L'instabilité des courants rend la réponse difficile. Le tracé proposé par les ingénieurs paraît le plus conforme aux tendances naturelles du fleuve.

Société libre du Commerce : Les directions et la situation des courants sont très variables ; le courant est toujours plus profond et plus favorable à la navigation, lorsqu'il se porte du côté d'Honfleur.

Société libre d'Émulation : Très variable ; cependant les directions que les courants semblent le plus affectionner, sont celles qui, longeant les deux rives de la baie, viennent ensuite suivre les courbes sensiblement concentriques à la petite baie de Tancarville.

M. Bouvier : Très variable.

M. Le Carpentier s'est abstenu.

M. Bien s'est abstenu.

Chambre syndicale des Courtiers s'est abstenue.

M. A. Lemazurier s'est abstenu.

M. Thomas s'est abstenu.

Commission nautique : Au-dessous du niveau des mi-marées, c'est la direction variable des chenaux ; au-dessus du niveau des mi-marées, c'est la direction Est et Ouest.

M. Dégenétais : Renvoi aux réponses aux sixième et neuvième questions.

Le Mémoire envoyé par M. Bréard n'étant que l'expression de sa vive adhésion aux projets proposés, et de son désir de voir la puissance de chasse, résultant du rétrécissement du chenal, augmentée par un système de draguage avec herse double appliquée sur toute la partie du fleuve indiquée, la Commission a dû se borner à consigner ici ce résumé de l'opinion de M. Bréard.

La Commission, après avoir pris une connaissance sommaire des Mémoires envoyés par plusieurs Chambres de Commerce, et n'y trouvant que des observations générales et non pas des réponses spéciales sur chacune des questions posées dans l'enquête, charge son bureau de lui en présenter l'analyse pour la prochaine séance.

Un membre, M. Le Carpentier, demande que la Commission s'occupe d'une des conclusions du Mémoire qu'il a déposé, et examine s'il n'y a pas lieu d'ajouter, comme complément des projets, une digue rive droite, de Tancarville à la hauteur de La Roque, et d'ajourner, si les fonds nécessaires ne pouvaient être accordés en totalité, plutôt la digue, rive gauche, projetée de La Mailleraye à Villequier, que la digue, rive droite, de Tancarville à La Roque.

Un membre fait observer que la prolongation des digues en aval de Tancarville, rive droite, n'est pas comprise dans le programme soumis à la Commission, et qu'elle ne peut être saisie de cette proposition.

La Commission décide que, quant à présent, il n'y a pas lieu de s'occuper de cette question.

M. le président propose, et la Commission arrête, qu'elle se transportera, le jeudi, 10 octobre prochain, à Caudebec, qu'elle s'y embarquera à 9 heures et demie, afin de visiter les travaux faits, entre Villequier et Quillebeuf, et l'état du fleuve.

Elle décide encore, que pour compléter l'instruction dans le cours de son excursion, elle recevra à Quillebeuf tous les renseignements, et entendra toutes les observations que l'on pourra avoir à lui communiquer ; que les dépositions seront consignées dans les procès-verbaux de ses séances ; enfin, que le public sera averti de cette décision.

La séance est levée à 5 heures un quart, et ajournée au 10 octobre prochain, à 9 heures et demie, à Caudebec.

Signé : J. Rondeaux, *président.*

A. Le Mire.	Le Carpentier.
Bouvier.	Lefèvre.
Clerc.	Quibel.
(Ch.) Darcel.	Roulleau.
de Lillers.	Germonière, *secrétaire.*
Hurault de Ligny.	

2e SÉANCE,

Du 10 *Octobre* 1850 (*à Caudebec.*)

Ce jour, 10 octobre, la Commission s'est réunie à Caudebec à 9 heures 1/2 ; elle s'est immédiatement embarquée à bord du bateau à vapeur le *Jupiter.*

Sont présents :

MM. J. Rondeaux, *président*,

A. Le Mire,	Le Carpentier,
Bouvier,	P. Lefebvre,
Clerc,	Mazeline aîné,
Ch. Darcel,	Quibel,
Germonière,	Roulleau.

M. Mazeline, du Havre, désigné par M. le Préfet pour remplacer M. Ferrère empêché, assiste à la séance.

M. de Lillers écrit que l'état de sa santé ne lui permet pas de se rendre à la convocation.

M. Hurault de Ligny est absent, retenu chez lui par la présence d'un inspecteur des finances.

MM. les ingénieurs Doyat et Beaulieu se mettent à la disposition de la Commission pour lui fournir tous les renseignements dont elle pourrait avoir besoin.

Il est donné lecture du procès-verbal de la dernière séance; il est adopté.

A ce moment, la Commission a été rejointe par la Commission d'enquête du département de l'Eure qui, dans le désir de constater par ses propres yeux l'état du fleuve et des travaux déjà faits, est venue également s'embarquer sur le *Jupiter*.

Le bateau à vapeur se dirige sur Quillebeuf; la Commission examine, en les longeant, les deux digues. Elle constate avec satisfaction les beaux résultats déjà obtenus; dans tout le parcours des anciennes traverses où il n'y avait autrefois qu'environ 1 mètre au-dessous de l'étiage, elle trouve une profondeur de plus de 3 mètres, le courant lui paraît parfaitement régulier; les digues ne sont nullement altérées. Elle remarque que les alluvions, derrière les digues, s'élèvent dans certains endroits presque à la hauteur des digues elles-mêmes; que la plus grande partie de ces alluvions, jusque par le travers de Courval, est herbée. Elle reconnaît que vis-à-vis de Caudebec, il s'est formé en dehors du chenal une alluvion qui paraît due au prolongement en amont de la digue de Belcinac. L'île de ce nom est reformée, et elle tient aujourd'hui à la terre ferme. Rive gauche, vis-à-vis de Caudebec, un sieur Mesnil, habitant de la Mailleraye, a déjà conquis dans cette partie des rives, environ 10 hectares de terrain; l'embarcadère du bac, sur la rive gauche, dit le pont de Caudebec, est maintenant hors d'état de servir; il se trouve engagé à environ 100 mètres dans les alluvions. Enfin vis-à-vis de Villequier, 150 hectares sont conquis sur le fleuve et parfaitement herbés.

En approchant de Quillebeuf, la Commission voit que la partie des alluvions de la rive droite est beaucoup moins élevée, ce qui tient à l'état d'inachèvement des digues et au défaut de leur prolongement en aval jusqu'à Tancarville.

Arrivée à Quillebeuf, la mer encore basse, la Commission s'est rendue à la jetée pour examiner l'ouverture de la baie et la situation des bancs. Elle s'est fait indiquer le chenal actuellement suivi par les navires, et le gisement de la roche des Ors.

MM. les ingénieurs annoncent à la Commission qu'ils ont fait procéder à des forages sur toute la surface de cette roche, et que les plans et les cotes de ces forages vont être mis sous ses yeux. Il résulte de leur examen, qu'en reportant le chenal un peu plus au nord, on évitera les dangers que présentent les Ors, et on trouvera vers le milieu du chenal une profondeur jusqu'à la roche de 5^{m} 80 à 7^{m} 90 au-dessous de l'étiage.

La Commission prie M. le chef de pilotage du port de Quillebeuf de faire venir toutes les personnes qui, averties par les publications faites dans les journaux de Rouen, se seraient présentées pour donner des renseignements à la Commission; et, immédiatement, de concert avec messieurs les membres de la Commission d'enquête de l'Eure, elle reçoit successivement les diverses déclarations constatées ainsi qu'il suit.

Liétout (Louis-Auguste), âgé de 60 ans, pilote à Quillebeuf depuis 34 ans, interrogé sur les diverses questions suivantes, répond :

Sixième Question : *Depuis l'exécution des digues, la traverse s'est-elle réformée entre les digues ou en aval?*

Non, au contraire.

Huitième Question : *Peut-on espérer contenir le chenal entre les digues ?*

Oui ; il a remarqué que toutes les fois qu'il se formait un gros banc, le chenal se maintenait ; et que, par conséquent, avec des digues, il se maintiendra plus facilement.

Neuvième Question : *Quel serait le meilleur tracé des digues?*

Le nouveau tracé des ingénieurs, parce qu'il écarte le chenal des *Ors* et qu'il laisse plus de creux.

Onzième Question : *Faut-il s'arrêter à Quillebeuf?*

Non, parceque si l'on s'arrête à Quillebeuf, on aura journellement un changement de bancs.

Douzième Question : *Faut-il s'arrêter à Tancarville ?*

Provisoirement oui ; mais dans mon opinion bien sincère, on pourrait continuer sans danger jusqu'au Hâvre ; il est même à désirer qu'on le fasse.

Treizième Question : *Faut-il prolonger les digues jusqu'à La Roque?*

Oui, parce qu'en allant jusqu'à La Roque, on dégage l'embouchure de la Risle, et le chenal, se portant sud, dégagerait le port d'Honfleur.

Quatorzième Question : *Les digues laissant entr'elles un intervalle de* 500 *mètres à Quillebeuf, quelle devrait être leur distance à Tancarville et à La Roque, eu égard à la manœuvre des bâtiments à voiles, à la marche et à l'introduction des marées?*

L'intervalle de 450 mètres est une largeur suffisante pour la manœuvre des navires; il est également suffisant pour recevoir le flot; plus de largeur empêcherait le travail de chasse du jusant, et retarderait l'approfondissement du chenal.

A Tancarville, une largeur de 500 mètres suffira.

Dix-septième Question : *Quel serait probablement le tirant d'eau des navires pouvant remonter jusqu'à Rouen en morte-eau?*

Quatre mètres au moins après le dragage du banc des Meules, en pleine mer de morte-eau.

D. *Dans l'état actuel des Ors, c'est-à-dire en suivant le nouveau projet des ingénieurs, les 4 mètres pourraient-ils être obtenus?*

R. Oui.

D. *Quelle serait la différence de tirant d'eau entre la morte-eau et la vive-eau?*

R. En morte-eau, on aurait 4 mètres à Quillebeuf; en vive-eau, 6 mètres.

Si le draguage du banc des Meules avait lieu, on aurait 6 mètres partout dans la Seine.

Vingtième Question : *Quelle influence sur les ports du Hâvre, d'Honfleur et d'Harfleur?*

Favorable à ces trois ports.

D. *Après l'endiguement de la Seine, de Quillebeuf à Tancarville et à La Roque, n'est-il pas à craindre que la divagation des courants existants ne soit reportée et accrue en aval de ces deux points?*

R. Les travaux projetés, une fois faits, le courant restera plus constant et plus rapide ; les travaux auront une influence favorable sur les divagations qui pourraient se faire en aval de Tancarville et de La Roque.

D. *Si l'effet des travaux n'était pas suffisant, faudrait-il les continuer plus en aval?*

R. Oui.

D. *Quelle direction prendraient les courants, les projets actuels achevés ?*

R. Le bord du Sud, toujours le bord du Sud, et je crois qu'ils s'y fixeraient plus longtemps. Ils s'y sont déjà fixés jusqu'à 7 années consécutives, et le chenal alors était très bon et très creux ; et toutes les fois que de ce côté, le chenal était bordé d'un banc, le chenal était creux, et de basse mer, il s'y trouvait 4 à 5 mètres.

D. *Depuis que vous êtes pilote, le chenal s'est-il porté plus longtemps sur la rive sud que sur la rive nord ?*

R. Oui certainement ; il n'est jamais resté aussi longtemps sur la rive nord que sur la rive sud ; et il y a 33 ans que je suis pilote.

Vingt-deuxième Question : *Quelle influence sur la Risle et sur Pont-Audemer?*

De la rendre navigable et de dégager son embouchure.

Vingt-troisième Question : *Quelle est le tirant d'eau des navires pouvant remonter aujourd'hui en morte-eau de la mer à La Roque?*

4 à 5 mètres, selon les vents, et pas moins de 4 mètres.

5

Vingt-quatrième Question : *Quelle est la direction ordinaire des courants ?*

Quand le flot ne couvre pas encore les bancs, c'est-à-dire jusqu'à une heure avant la pleine mer, la direction est variable; elle redevient encore variable deux heures après la pleine mer.

LESAULT (Charles-Désiré), 52 ans, pilote à Quillebeuf depuis 24 ans.

Sixième Question : *Depuis l'exécution des digues, la traverse s'est-elle reformée entre les digues ou en aval.*

Non, du tout.

Huitième Question : *Peut-on espérer contenir le chenal entre des digues?*

Oui, certainement.

Neuvième Question : *Quel serait le meilleur tracé des digues?*

C'est le tracé des ingénieurs.

Onzième Question : *Faut-il s'arrêter à Quillebeuf?*

Douzième Question : *Faut-il s'arrêter à Tancarville?*

Treizième Question : *Faut-il prolonger les digues jusqu'à La Roque?*

Non; il faut les poursuivre jusqu'au Nais de Tancarville, et jusqu'à La Roque.

Quatorzième Question : *Les digues laissant entr'elles un intervalle de* 500 *mètres à Quillebeuf, quelle devrait être leur distance à Tancarville et à La Roque, eu égard à la ma-*

nœuvre des bâtiments à voiles, à la marche et à l'introduction des marées?

450 mètres à Quillebeuf, c'est grandement assez et même un peu trop. C'est certainement bien assez pour que la marée remonte facilement.

A Tancarville, il ne faudrait pas plus de 450 à 500 mèt.

D. *Est-ce que si l'on n'agrandit pas progressivement la largeur à donner au chenal, il n'y aura pas obstacle à la montée du flot et à la manœuve des navires?*

R. Non, pas du tout.

Dix-septième Question : *Quel serait probablement le tirant d'eau des navires pouvant remonter jusqu'à Rouen, en morte-eau?*

4 mètres à 4 mètres 50, après l'enlèvement du banc des Meules et les *Ors* évités.

De vive-eau, on aurait deux mètres de plus.

Dix-huitième Question : *Quelle pourrait être l'influence des digues sur la barre, sur les courants et sur les rives?*

Adoucir la barre. Qu'est-ce qui produit la barre? Ce sont les bancs. Quand il y a du creux, il n'y a plus de barre.

Vingtième Question : *Quelle influence sur les ports du Hâvre, d'Honfleur et d'Harfleur?*

Aucun tort anx trois ports.

L'influence serait plutôt avantageuse, parceque les bancs seraient enfermés en dedans des digues.

Vingt-et-unième Question : *Quelle influence sur la baie de Seine?*

Lorsque les projets actuels seront terminés, les courants, au-dessous de La Roque, divagueront moins; ils suivront naturellement l'impulsion qui leur sera donnée par la digue elle-même.

Vingt-deuxième Question : *Quelle influence sur la Risle et sur Pont-Audemer ?*

Le chenal et l'embouchure de la Risle seront améliorés.

Vingt-troisième Question ; *Quel est le tirant d'eau des navires pouvant remonter aujourd'hui, en morte-eau, de la mer à La Roque ?*

5 mètres.

Vingt-quatrième Question : *Quelles sont les directions et la situation des principaux courants de flot et de jusant entre la mer et Quillebeuf?*

Les courants sont restés beaucoup plus longtemps bord sud que bord nord; presque toujours bord sud.

Hébert (Jacques-Pascal), 53 ans, pilote à Quillebeuf depuis 29 ans :

Sixième Question : *Depuis l'exécution des digues, la traverse s'est-elle reformée entre les digues ou en aval?*

Non.

Huitième Question : *Peut-on espérer contenir le chenal entre des digues?*

Oui.

Neuvième Question : *Quel serait le meilleur tracé des digues?*

Le tracé des ingénieurs est bon, c'est le meilleur.

D. *Peut-on éviter les Ors?*

R. Oui, en se jetant nord.

Onzième Question : *Faut-il s'arrêter à Quillebeuf?*

Douzième Question : *Faut-il s'arrêter à Tancarville?*

Treizième Question : *Faut-il prolonger les digues jusqu'à La Roque?*

Il faut aller à Tancarville, rive nord, à La Roque, rive sud.

Quatorzième Question : *Les digues laissant entr'elles un intervalle de 500 ᵐ à Quillebeuf, quelle devrait être leur distance à Tancarville et à La Roque, eu égard à la manœuvre des bâtiments à voiles, à la marche et à l'introduction des marées.*

450 mètres à Quillebeuf donneront une largeur grandement suffisante pour la manœuvre des navires et la remonte du flot.

A Tancarville 500 mètres.

Dix-septième Question : *Quel serait probablement le tirant d'eau des navires pouvant remonter jusqu'à Rouen en morte-eau?*

4 ᵐ à 4 ᵐ 50, le banc des Meules dragué et les Ors évités.

Dix-huitième Question : *Quelle pourrait être l'influence des digues sur la barre, sur les courants et sur les rives?*

Diminution de la barre, régularisation des courants.

Vingtième Question : *Quelle influence sur les ports du Havre, d'Honfleur et d'Harfleur?*

Je ne crois pas que cela puisse avoir d'influence sur le Havre, les courants ont toujours cherché le sud ; cela ferait du bien à Honfleur et déblaierait ce port, en portant toujours les courants vers le sud. Pas d'influence sur Harfleur.

Vingt-troisième Question : *Quel est le tirant d'eau des navires pouvant remonter aujourd'hui, en morte-eau, de la mer à La Roque?*

4 mètres environ de pleine-mer de morte-eau.

Vingt-quatrième Question : *Quelles sont les directions et la situation des principaux courants de flot et de jusant entre la mer et Quillebeuf?*

Il y a 29 ans que je suis pilote ; depuis 2 ans seulement j'amarre sur la rive nord, le reste du temps le courant s'est tenu du milieu au sud, retombant toujours au sud.

D. *Combien d'années le courant est-il resté Sud?*

R. 15 ans au moins. Le chenal sud est le meilleur, parce qu'on y est à l'abri des vents d'ouest qui tourmentent la rive nord. Le chenal porté sud sera favorable à la Risle ; il dégagera son embouchure.

D. *Quelle est l'opinion générale des pilotes de Quillebeuf sur les projets?*

R. Elle est universellement favorable. C'est le comble du bien !

Parquier (Pierre), 61 ans, pilote à Quillebeuf depuis 37 ans :

Guerard (Antoine), 47 ans, pilote à Quillebeuf depuis 18 ans :

D. *Vous connaissez les questions posées dans l'enquête,*

vous avez vu les plans des ingénieurs, quelle est votre opinion sur l'ensemble des projets?

R. Tous les travaux faits entre Villequier et Quillebeuf ont produit les meilleurs effets; nous pensons que ceux proposés doivent également donner d'excellents résultats; tous les pilotes de Quillebeuf, qui tous connaissent les projets, en attendent le plus grand bien. Les travaux ne feront pas de mal au Havre; ils n'occasionneront non plus aucun inconvénient aux autres ports de l'embouchure.

D. *Quelle est la direction habituelle des courants?*

R. Le chenal a presque toujours été du bord sud, et les courants préfèrent généralement le sud au nord. Il est probable que le résultat des travaux sera de porter le chenal au sud. Pendant 18 ans, je l'ai vu sud, il y est resté 8 ans sans interruption.

Il est probable qu'après La Roque, le courant suivra l'impulsion donnée par la digue.

Adam (Pierre-Nicolas), 46 ans, pilote à Quillebeuf depuis 22 ans :

Chartier (Pierre-Julien), 41 ans, pilote à Quillebeuf depuis 16 ans :

D. *Qu'est-ce que les Ors?*

R. Le prolongement du rocher de Quillebeuf se dirigeant vers Lillebonne.

D. *Peut-on éviter les Ors?*

R. Oui, en se jetant vers le nord, car ces roches baissent dans cette direction; plus on se portera vers le nord, plus on aura d'eau. Au moyen de la rectification proposée par les ingénieurs, il n'y aura plus de dangers sur les Ors; sur l'extrémité nord de cette roche, de pleine-mer de morte-eau, on aura près de 6 mètres de profondeur.

Pestel (Pierre-Michel), 71 ans, pêcheur à Honfleur :

D. *Quelle est la direction habituelle des courants dans la baie ?*

Je suis pêcheur depuis mon enfance; j'ai vu plus constamment le chenal au sud qu'au nord; il est resté, à ma connaissance, 7 à 8 ans de suite sur la rive sud. Au nord, au pied d'Orcher, il n'est jamais resté d'une manière fixe plus de 2 à 3 mois.

Geffroy (Toussaint-Victor), 65 ans, garde maritime à Honfleur depuis 25 ans :

D. *Quelle est la direction habituelle des courants dans la baie ?*

R. Le chenal, lorsqu'il est au nord, est très dur; il n'y reste pas longtemps. Le chenal, à certains moments, n'y avait pas plus de 2 mètres; les navires d'un tirant plus fort passaient sud. D'après mes souvenirs, sur 35 ans, le chenal a passé 25 ans sud et 10 ans nord.

Isabel (Pierre-Auguste), 63 ans, marin à Honfleur :

Déclare que lorsque les travaux seront faits, le chenal se fixera probablement au sud, et il en résultera de très bons effets. Il a vu plus de 8 mètres d'eau devant Honfleur.

Pognon (Amand), maître au cabotage, à Honfleur, 63 ans :

R. Le chenal est resté à ma connaissance plusieurs fois sud pendant 10 ans au moins. Ce chenal était meilleur que le chenal nord, car sur la rive nord, on reste plus exposé aux vents d'Ouest. Il est probable que les projets maintiendront le chenal au sud; cela sera favorable au Havre.

HÉBERT (Pierre), 52 ans, pilote à Berville-sur-Mer :

Déclare que le chenal se porte plus habituellement vers le sud ; la navigation y est meilleure, il y a plus de creux et on y est plus à l'abri des vents d'Ouest.

PARQUET (Jacques-Noël), 62 ans, pilote-pratique à Berville depuis 32 ans:

Depuis que j'existe, le chenal est resté près des deux tiers et moitié du temps, du côté Sud ; je ne l'ai vu qu'une fois Nord au bout du Hode ; lorsque la digue sera faite jusqu'à La Roque, le courant suivra l'impulsion qui lui sera donnée par la digue. Dernièrement, en septembre 1850, le navire l'Adolphe, capitaine Reynier, fut, en sortant du Havre, entièrement désemparé ; il est venu sans voiles, la nuit, d'un temps très sombre, sans accident et par le seul effet du courant, jusqu'à la posée de Berville.

Ces déclarations terminées, la Commission a cru devoir demander aux divers marins interrogés, quelle était l'opinion générale des pilotes et des marins de Quillebeuf sur les projets proposés. Il lui a été répondu que l'opinion, à Quillebeuf, leur était unanimement favorable, et qu'on en attendait les meilleurs résultats.

Personne ne se présentant plus pour donner des renseignements, et les Commissions n'ayant plus de questions à adresser, elles ont déclaré clos le présent interrogatoire, qui a été signé par les membres composant les deux Commissions de la Seine-Inférieure et de l'Eure.

Ont signé ;

Seine-Inférieure.	Eure.
MM. J. Rondeaux, *Président.*	De Vatimesnil, *Président.*
A. Le Mire,	Prevost aîné,
Roulleau,	Hébert,
P. Quibel,	Duhêtray,
P. Lefevre,	Lecomte,
L. Bouvier,	A. Lechevallier,
Mazeline aîné,	Lereffait,
Clerc,	Guérard,
Le Carpentier,	Lemariey,
Ch. Darcel,	Deheulle,
Germonière,	D'Osmoy,
	Licquet.

La Commission a continué son exploration jusque par-delà la pointe de La Roque ; elle a reconnu que les circuits que la situation des bancs obligeait le bateau à vapeur à faire, rendaient le trajet trois fois plus long que si l'on eût pu suivre le chenal tel qu'il est tracé dans les nouveaux projets.

En remontant à Rouen, elle a fait sonder sur le banc des Meules, et, le cinquième jour de la lune, à 1/3 de mer baissante, elle a trouvé environ 3 m 50 sur la partie la plus creuse du banc, et seulement 2 m 33 sur la partie la plus élevée appelée le Petit-Rocher.

Arrivée à Rouen à 9 heures du soir, la Commission s'est ajournée à demain 11 octobre, heure de midi, hôtel de la Préfecture.

Signé : J. Rondeaux, *Président.*

A. Le Mire,	Bouvier,
Clerc,	Ch. Darcel,
Le Carpentier,	P. Lefevre,
P. Quibel,	Mazeline aîné,
Roulleau,	Germonière, *Secrétaire.*

3e SÉANCE,

Du 11 *Octobre* 1850 (*à Rouen.*)

Ce jour, 11 octobre 1850, à midi, dans une des salles de l'hôtel de la préfecture, à Rouen, la Commission s'est réunie.

Tous les membres sont présents.

M. le président déclare la séance ouverte.

Il est donné lecture du procès-verbal de la deuxième séance.

Il est adopté.

Le secrétaire, conformément à la décision prise dans la séance du 24 septembre dernier, donne lecture de l'analyse des Mémoires envoyés par diverses Chambres de Commerce.

Il est décidé que cette analyse sera insérée ainsi qu'il suit au présent procès-verbal :

Alger. — La Chambre de Commerce d'Alger croit devoir s'abstenir d'examiner les avantages que le commerce et la marine marchande et militaire de la France doivent retirer de l'exécution des travaux projetés; ces considérations seront présentées par les Chambres de Commerce de la Métropole. Elle se borne à appeler l'attention sur les heureuses conséquences de ces travaux pour les intérêts du commerce et de la production algérienne.

Une grande partie des marchandises expédiées pour l'Algérie, des villes manufacturières du nord, de Paris et de la vallée de la Seine, s'embarquent à Rouen. Par suite du faible tirant des navires affectés à ces expéditions et des difficultés de la navigation de la Seine, divers articles d'importation et d'exportation, au grand détriment de la Colonie, ne peuvent encore prendre la voie de ce fleuve ; l'appropriation de la Seine à une navigation prompte et facile, ouverte à des navires d'un tonnage élevé, donnerait à notre Colonie des débouchés nouveaux; leur importance accroîtrait la valeur des produits de l'Algérie.

D'après ces considérations, on comprendra tout l'intérêt que l'Algérie porte à la réalisation du projet fourni à l'enquête.

Avignon. — La Chambre d'Avignon applaudit beaucoup à ce grand projet, dont les conséquences ne peuvent qu'être éminemment profitables au commerce en général, et à la navigation française.

L'amélioration de la Seine maritime est au nombre de ces entreprises que l'intérêt général doit protéger et encourager, car tout ce qui tend à diminuer les frais de tous genres dont nos transports sont grevés, et à procurer de nouvelles facilités à notre navigation, mérite de fixer la sollicitude éclairée du gouvernement.

Bordeaux. — La Chambre de Commerce de Bordeaux, considérant que le mouvement du cabotage, entre Bordeaux et Rouen, s'est élevé en moyenne, pendant les années 1846-47-48, à 555,406 quintaux métriques, de Bordeaux à Rouen ; et à. . 113,574 . . . . id. . . . . de Rouen à Bordeaux, qu'il est dès-lors d'un intérêt considérable, pour le commerce et l'agriculture du département de la Gironde, comme pour tout le commerce maritime de la France, de voir s'améliorer la navigabilité d'un fleuve qui sert au transport des approvisionnements de la Capitale, est d'avis qu'il est de l'intérêt général d'améliorer la Seine-maritime.

Boulogne. — La Chambre de Commerce de Boulogne expose que l'amélioration de la navigation de la Seine doit avoir pour résultat de faire acquérir au port de Rouen plus d'importance et plus de facilités pour le transport des marchandises allant de la mer à Paris ou de Paris à la mer, et de donner à cette route de nouveaux avantages sur celles qui aboutissent aux ports du détroit (Pas-de-Calais) ; cependant, comme l'on ne saurait méconnaître que l'amélioration de la navigation de la Seine est un travail éminemment propre à développer le commerce national, qu'il importe à l'intérêt général du pays, elle donne toute approbation à ce projet, et ne pourra voir exécuter ce grand travail qu'avec satisfaction.

Cherbourg. — La Chambre de Commerce de Cherbourg appelle de tous ses vœux le prompt achèvement des travaux de la Seine-Maritime. Tous les ports sont intéressés au succès d'une entreprise qui conservera à la marine française un aliment considérable. Cette Chambre constate avec bonheur que les résultats obtenus par la construction des digues, entre Villequier et Quillebeuf, ont dépassé toutes les espérances ; qu'aujourd'hui les caboteurs peuvent franchir la traverse impunément et de tout temps ; le prix du fret a déjà diminué, entre Cherbourg et Rouen. Mais les résultats obtenus ne seront complets que lorsqu'on aura donné, en aval de Quillebeuf et en amont de Villequier, une hauteur d'eau au moins égale à celle qui existe aujourd'hui sur la traverse. C'est là une question véritablement nationale.

Honfleur. — La Chambre de Commerce d'Honfleur a manifesté, à l'enquête, son opinion favorable aux projets, par la note déposée par M. Le Carpentier, son président d'honneur.

La Rochelle. — La Chambre de Commerce de La Rochelle appuie de toutes ses forces, appelle de tous ses vœux la continuation des travaux destinés à améliorer la navigation de la Seine-Maritime. Les travaux exécutés ont amené les plus magnifiques résultats ; ces grands biens seraient paralysés, si les travaux n'étaient pas achevés. Il faut donc s'empresser d'améliorer la Basse-Seine. Le gouvernement doit vouloir faire arriver à Rouen, entrepôt de Paris, les navires d'un fort tonnage; il doit protection à la navigation fluviale qui fera une utile concurrence aux chemins de fer.

La navigation et le commerce, par la facilité du parcours des navires, par la diminution des frais, par la dispense du transbordement au Havre, en un mot par la diminution du fret, sont également intéressés à l'achèvement de ces travaux.

Marseille. — La Chambre de Commerce de Marseille exprime une opinion entièrement favorable à un projet dont la réalisation intéresse le commerce, la navigation et l'état lui-même. L'amélioration de la Seine doit être féconde en résultats pour notre navigation et notre commerce; l'endiguement, en permettant aux plus puissants caboteurs de remonter jusqu'à Rouen, les mettra en mesure de pouvoir lutter avec les voies de fer et de soutenir une concurrence profitable à tous; la concurrence rendue possible par les améliorations déjà obtenues dans la Haute-Seine, a fait tomber à 8 et 10 fr. par bateau, et à 10 et 13 francs par chemin de fer, le prix du transport entre Rouen et Paris qui, il y a quelques années, était de 20 à 25 fr. la tonne.

Morlaix. — La Chambre de Commerce de Morlaix émet avec instance le vœu que les projets d'endiguement de la

Seine-Maritime soient mis à exécution. Les résultats importants déjà obtenus, entre Villequier et Quillebeuf, lui font vivement désirer que partout où elles seront réalisables, les mêmes facilités soient données à la navigation ; il lui paraît d'autant plus urgent de s'occuper de la Seine, qu'autrement les voies ferrées qui se dirigent presque parallèlement à son cours, menaceront le transport fluvial, et finiront bientôt par le détruire au grand préjudice du commerce maritime et des consommateurs.

Nantes. — La Chambre de Commerce de Nantes fait des vœux pour le succès du grand projet soumis à l'enquête. Si l'on peut donner, par l'endiguement de la Basse-Seine, de 5 à 6 mètres d'eau dans ce fleuve, on aura rendu un grand service aux marins qui fréquentent le port de Rouen, dont la navigation a été pendant si longtemps difficile et dangereuse. La Chambre demande avec instance que le gouvernement, dans l'intérêt de la navigation, adopte un système général d'amélioration de nos fleuves et rivières.

Paris. — La Chambre de Commerce de Paris fait l'historique détaillé des travaux exécutés jusqu'à ce jour pour l'amélioration de la Seine ; elle constate que les résultats obtenus dépassent toutes les espérances ; elle apprécie les faits qui se sont successivement produits, elle les trouve favorables au système adopté ; elle pense que les projets présentés ne peuvent qu'exercer la plus heureuse influence sur la marine marchande, sur le commerce, sur les intérêts généraux du pays, et même sur sa puissance navale, en assurant aux vaisseaux de l'Etat un refuge dans la baie de Seine.

Touchée des intérêts de premier ordre engagés dans cette question, elle n'hésite pas à intervenir dans le débat ouvert pour donner son opinion.

Il monte chaque année à Rouen, par la Seine, 400,000 tonnes de marchandises: or, si le fret, par suite des endiguements opérés, subit une diminution de 3 à 4 fr. du tonneau, pour le petit cabotage, et de 8 à 10 fr. pour le grand cabotage et le long-cours, le commerce et la consommation obtiendront une économie de plus de 2 millions de francs, par an; cette économie pourrait être doublée, car il est probable que les arrivages directs au port de Rouen augmenteront beaucoup.

Il est une autre considération, c'est le profit que l'Etat et les riverains retireront des alluvions qui se formeront chaque jour davantage; leur valeur sera considérable.

Indépendamment de ces heureux résultats pour le commerce et pour l'agriculture, l'amélioration de la Seine maintiendra, encore à leur profit, une utile concurrence vis-à-vis des voies ferrées. Le résultat des efforts faits par le port de Rouen pour soutenir la batellerie contre son puissant concurrent, a été de faire baisser le prix du fret de Rouen à Paris à 8 ou 10 fr. par tonneau, par les bateaux, et à 10 ou 13 fr. par le chemin de fer, quand, il y a quelques années, la batellerie prenait jusqu'à 20 fr. du tonneau pour ce trajet. Il importe donc de ne pas abandonner le transport fluvial.

Il ne faut pas exagérer le préjudice que ces travaux pourraient faire supporter au mouvement commercial du Havre; ce port ne conservera pas moins la plus grande part des transports maritimes. Rouen sera surtout ce que le Havre ne peut plus être, un concurrent utile contre l'omnipotence des chemins de fer, et, sous ce rapport, les avantages offerts au pays par l'amélioration de la Seine maritime, seront incontestables.

Quand il est démontré qu'on peut offrir à nos flottes à vapeur et à nos grands navires de commerce un refuge à l'intérieur contre toute attaque ; quand, à cet avantage, se joint la certitude d'ouvrir à notre commerce des facilités plus grandes, des économies plus considérables à notre agriculture, des moyens de développement et des garanties contre les érosions de la mer, on serait bien imprévoyant et bien coupable de ne pas accepter une telle conquête.

Pont-Audemer. — La Chambre consultative des Arts et manufactures de Pont-Audemer, convaincue de l'avantage que les deux projets d'endiguement de la Seine, en amont de Villequier et en aval de Quillebeuf, procureront au pays, appelle leur exécution de tous ses vœux.

L'exécution complète de la canalisation jusqu'à Honfleur deviendra un travail national, en assurant, en cas de guerre, à nos navires, un refuge certain pour les mettre à l'abri des poursuites de l'ennemi.

Saint-Malo. — La Chambre de commerce de Saint-Malo verrait avec une vive satisfaction entreprendre les travaux projetés pour l'amélioration de la navigation de la Seine. C'est une œuvre grande, utile et profitable aux intérêts du pays, qui présente, pour le commerce de Saint-Malo, une grande importance, à cause des nombreuses relations d'affaires que cette place entretient avec les ports de la Seine. La Chambre de Saint-Malo ne croit pas être démentie en affirmant que l'amélioration de la Seine maritime est une œuvre d'intérêt national que le Gouvernement doit tenir à honneur d'accomplir; les dépenses seront utiles, fructueuses, et tourneront au profit de notre cabotage. En présence de la concurrence des chemins de fer, il est juste que l'État mette notre marine à même de prendre sa part du transport des grandes masses de marchandises qui suivent la ligne de Rouen pour se rendre dans la Capitale.

Toulon. — La Chambre de commerce de Toulon donne son plein et entier assentiment aux travaux à exécuter pour compléter l'amélioration de la navigation de la Seine, de Rouen à la mer. Elle les regarde comme très opportuns et très utiles, non pas seulement dans l'intérêt des localités que baigne la Seine, mais encore au point de vue des avantages que la navigation française, en général, devra en retirer.

M. Laignel fils, ingénieur civil du Hâvre, a fait remettre hier à M. le Président, avec prière de les annexer au dossier de l'enquête, deux pièces : l'une imprimée dans le numéro du journal de l'arrondissement du Hâvre du 22 sept. 1850, l'autre manuscrite.

Il résulte de l'étude de ces deux documents, que l'auteur discute, à l'occasion des travaux de l'amélioration de la Seine, les théories sur la direction et la vitesse des eaux courantes; il avance que sans un nouvel hydromètre dont il est l'inventeur, on ne peut mesurer, sans des erreurs inconcevables, la profondeur et la vitesse des eaux; il croit que c'est à tort que l'on se féliciterait de voir la marée monter plus vite en Seine et avoir 1/4 d'heure d'étale de plus; que ce fait amènera l'ensablement du chenal. Il trouve que la digue proposée, de La Roque à Tancarville, a une courbe transversale un peu brusque, et que, par suite, on peut craindre pour elle, les mêmes dangers que pour la digue de Quillebeuf.

M. Laignel croit que MM. les ingénieurs s'abusent sur les économies opérées dans les travaux faits ; que c'est là une erreur ordinaire à MM. les ingénieurs des Ponts-et-Chaussées qui, les faits le prouvent, se sont trop souvent trompés dans les évaluations données par eux à presque tous les travaux publics.

La Commission décide que le résumé ci-dessus de l'opinion de M. Laignel restera consigné au procès-verbal.

M. le Président fait connaître à la Commission qu'aucun autre mémoire, qu'aucunes autres observations ne lui ont été adressés.

Il propose d'inviter M. l'ingénieur en chef des Ponts-et-Chaussées Doyat, à se rendre à la séance, pour fournir les explications nécessaires et répondre aux diverses observations qui pourraient lui être faites.

M. l'ingénieur en chef entre dans des détails très circonstanciés sur les résultats des travaux faits et sur les conséquences des travaux à faire ; il discute avec les membres de la Commission toutes les questions qui se trouvent engagées; à l'appui de ses explications, il produit les plans, les cotes de sondage, de forage, en un mot, toutes les pièces propres à éclairer la Commission.

M. l'ingénieur en chef n'ayant plus de renseignements à donner, et aucune nouvelle question ne lui étant adressée, il se retire.

La discussion commence : les divers membres prennent la parole ; on examine de nouveau l'ensemble des projets, puis chacune des questions posées par M. le ministre, et lorsque la discussion sur le fond est épuisée, le Président propose, et la Commission décide, qu'on procédera au vote sur chacune des 24 questions posées, en mentionnant la proportionnalité des suffrages.

Chaque réponse est successivement formulée et votée ainsi qu'il suit :

Première Question : *Le banc des Meules est-il un obstacle à la Navigation?*

Evidemment, puisqu'il est à présent le haut-fond le plus élevé de la rivière ; — à l'unanimité.

Deuxième Question : *Son enlèvement par draguage peut-il*

avoir une influence sur le régime de la rivière, en amont, notamment au port de Rouen?

Non ; la pente entre La Mailleraye et Villequier n'étant que de 0 m 06 sur 10,300 mètres de distance, et la rivière étant extrêmement sinueuse, l'enlèvement du banc ne produira aucun effet sur le niveau des eaux en amont ; — à l'unanimité.

Troisième Question : *Convient-il de faire des digues longitudinales entre La Mailleraye et Villequier?*

Oui ; sur les deux rives, afin d'obtenir ainsi des rives rectifiées, et de donner au chenal une largeur en harmonie avec l'ensemble du système. La simple consolidation de la rive gauche laisserait une trop grande largeur au chenal ; — à l'unanimité.

Quatrième Question : *Convient-il d'ajouter à ces digues un chemin de halage?*

Oui ; sur la rive gauche, et ce chemin devra être fait aussitôt que les alluvions auront atteint le niveau de la digue ; — à l'unanimité.

Cinquième Question : *L'endiguement de la Seine, entre Villequier et Quillebeuf a-t-il produit un abaissement d'eau sensible à Villequier, à Rouen, à Elb. uf?*

Non ; mais quand même il serait contrairement établi que dans les plus basses eaux des étés de 1849 et 1850, on aurait observé à Villequier un abaissement de 0 m. 01 et à Rouen de quelques centimètres de plus, ce ne serait assurément qu'un abaissement fort insensible pour des navires remontant avec un tirant d'eau de 4 mèt. 33 c., tandis qu'avant les endiguements, les navires calant 3 m., ne pouvaient pas toujours remonter sans alléger.

Ce minime et problématique abaissement a pu être, à ces époques de sécheresse, la conséquence naturelle et habituelle de l'état de la Seine du côté de Paris, dont le régime se fait sentir au port et aux abords de Rouen.

Quoi qu'il en soit, l'abaissement allégué fût-il certain, ne mériterait pas d'être pris en considération. Rien n'autorise, quant à présent, à l'attribuer aux endiguements. Dût-il même devenir plus fort, n'en a-t-on pas une ample compensation dans la montée plus prompte du flot, dans l'augmentation de durée de son étale, et dans son action plus haut dans le fleuve?.. et enfin, un tel abaissement ne saurait jamais être nuisible, à cause de la grande profondeur des eaux dans tout le parcours indiqué; — à l'unanimité.

Sixième Question : *Depuis l'exécution des digues, la traverse s'est-elle reformée entre les digues ou en aval?*

Non ; nulle part ; — à l'unanimité.

Septième Question : *Quelles modifications les travaux ont-ils apportées dans la marche du navire et dans le prix du fret? Indiquer le prix du fret avant et après l'exécution des travaux?*

Un navire remorqué peut à présent remonter de la rade du Hâvre à Rouen, en 12 heures, tandis qu'autrefois la durée de la remonte était tout à fait incertaine.

Le cours des frets, pris en général, est essentiellement variable par nature, puisqu'il dépend de la quantité de marchandises à transporter et du nombre des navires; mais, comme exemple spécial : la différence du fret sur le Hâvre ou sur Rouen qui était autrefois de 10 fr. du tonneau pour les navires venant de la Méditerranée, n'est plus à présent que de 5 fr. ; et celle pour les navires venant de Bordeaux, qui était autrefois de 5 à 6 francs, est à présent réduite à 2 ou 3 francs.

Il en a été de même des primes et des conditions d'assurances; — à l'unanimité.

Huitième question : *Peut-on espérer contenir le chenal entre des digues?*

Comme il n'est question actuellement que de continuer, sur une direction constamment indiquée par la nature, et seulement dans une longueur d'environ 6,000 mètres, des digues qui, sur une longueur de 27,000 mètres, où les conditions des marées, des courants et des terrains étaient semblables, ont parfaitement contenu le chenal, on est raisonnablement fondé à penser que les digues projetées ne le contiendront pas moins bien; — à l'unanimité.

Neuvième question : *Quel serait le meilleur tracé des digues?*

Celui de Messieurs les ingénieurs, parce qu'il est conforme aux indications fournies de tout temps par la nature, mais en adoptant toutefois la légère déviation du tracé primitif, reconnue nécessaire par les ingénieurs, depuis le forage du rocher, dit des Ors, à la naissance de la courbe; — à l'unanimité.

Dixième question : *Jusqu'à quelle hauteur les digues devront-elles s'élever?*

D'abord, seulement jusqu'au niveau des basses-mers; puis successivement et au fur et à mesure des alluvions derrière, jusqu'au niveau des pleines mers de morte-eau; — à l'unanimité.

Onzième question : *Faut-il s'arrêter à Quillebeuf?*

Non, ce serait compromettre les travaux faits, et s'exposer à des accidents graves sur la rive droite, où la tête de la digue n'est pas appuyée et pourrait être prise à revers; — à l'unanimité.

Douzième question : *F ut-il s'arrêter à Tancarville?*

Oui, quant à présent, pour la digue sur la rive droite ; — à l'unanimité.

Treizième question : *Faut-il prolonger les digues jusqu'à La Roque?*

Oui, pour la digue de la rive gauche ; — à l'unanimité.

Mais deux membres, en votant pour la construction d'une digue, de Quillebeuf à La Roque, font cette réserve : que la construction de cette digue ne sera commencée, que si, après l'achèvement de la digue, rive droite, cette dernière digue ne suffit pas pour approfondir et fixer le chenal.

Quatorzième question : *Les digues laissant entr'elles un intervalle de* 500 *mètres à Quillebeuf, quelle devrait être leur distance à Tancarville et à La Roque, eu égard à la manœuvre des bâtiments à voiles, à la marche et à l'introduction des marées.*

A Quillebeuf, l'intervalle est de 450 mètres; il est jugé suffisant par les marins pour les mouvements de la navigation et des marées. Cependant le courant n'agit qu'à peine sur le segment du banc du Tot, qui sert de base à la digue, rive droite, et qui se trouve ainsi compris entre cette digue et le quai de Quillebeuf.

En partant de cette remarque, la Commission incline à penser qu'à Tancarville, une largeur de 500 à 600 mètres devrait être convenable, mais elle fait observer qu'il faut à la fois obtenir le creusement par le rétrécissement, en compensant l'un par l'autre, afin de ne pas gêner l'action du flux et du reflux, et de ne pas changer le régime général des eaux, et qu'ainsi ce n'est guère qu'en cours d'exécution, qu'une surveillance attentive peut suggérer les modifications nécessaires pour atteindre ce triple but.

La Commission ne parle pas de la largeur à donner, à la hauteur de La Roque, n'ayant pas aujourd'hui mission de s'occuper du prolongement éventuel de la digue, sur la rive droite, en aval de Tancarville; — à l'unanimité.

Quinzième question : *Comment faut-il terminer les digues; par des fanaux, des amers ou des balises?*

Provisoirement par des balises ou bouées, mais, le plutôt possible par des feux flottants ou fixes, de couleurs différentes; — à l'unanimité.

Seizième question : *Quel avantage ces travaux procureraient-ils à la navigation ascendante et descendante?*

Ces avantages sont évidents : augmentation de tonnage des navires pouvant remonter la Seine; accélération et accroissement de sûreté dans leur navigation; — à l'unanimité.

Dix-septième question : *Quel serait probablement le tirant d'eau des navires pouvant remonter jusqu'a Rouen en morte-eau?*

Au moins 5 mètres, après le draguage du banc des Meules; — à l'unanimité.

Dix-huitième question : *Quelle pourrait être l'influence des digues sur la barre, sur les courants et sur les rives?*

Par l'approfondissement et la régularisation du fond du chenal, on obtiendra la suppression de la barre, la fixité du courant et la conservation des rives; — à l'unanimité.

Dix-neuvième question : *Quelle influence sur le port de Rouen?*

Les digues augmenteront pour toute la rivière, pour le port et même en amont de Rouen, les avantages déjà obtenus d'une plus rapide et plus lointaine remonte et d'une plus longue étale de la marée ; — à l'unanimité.

Vingtième question : *Quelle influence sur les ports du Havre, d'Honfleur et d'Harfleur?*

Aucune sur les ports du Havre et d'Harfleur; favorable à Honfleur, si le chenal se fixe au sud; — à l'unanimité.

Vingt-unième question : *Quelle influence sur la baie de Seine?*

Amélioration de la baie par la diminution des sables qui l'encombrent, et dont une partie viendra se loger derrière les digues en amont de La Roque et de Tancarville ; — à l'unanimité.

Vingt-deuxième question : *Quelle influence sur la Risle et sur Pont-Audemer?*

Très favorable; — à l'unanimité.

Vingt-troisième question : *Quel est le tirant d'eau des navires pouvant remonter aujourd'hui en morte-eau, de la mer à La Roque?*

$3^{m}90$ à $4^{m}20$ de pleine mer de morte-eau ; — à l'unanimité.

Vingt-quatrième question : *Quelles sont les directions et la situation des principaux courants du flot et du jusant, entre la mer et Quillebeuf?*

De mémoire d'homme, le chenal a couru, dans l'ensemble,

beaucoup plus longtemps le long de la côte sud que dans toute autre direction ; c'est là aussi que sa direction a toujours eu le plus de suite, et qu'il à toujours été le meilleur. Ses autres directions, soit par le Nord, soit au milieu, n'ont jamais été qu'accidentelles et de peu de durée, et sont généralement moins favorables à la navigation ; toutes vont à peu près Est et Ouest ; — à l'unanimité.

Après l'adoption de la réponse à la vingt-quatrième et dernière question, M. le Président demande si quelque membre a des observations ou des propositions à faire ; personne ne demandant la parole, M. le Président déclare closes les opérations de la Commission d'enquête, et la séance est levée à 5 heures et demie.

Signé : J. Rondeaux, *président.*

A. Le Mire.	Le Carpentier.
Bouvier.	Mazeline aîné.
Clerc.	Lefèvre.
Ch. Darcel.	Quibel.
Hurault de Ligny.	Roulleau.
de Lillers.	Germonière, *secrétaire.*

COMMISSION D'ENQUÊTE DE L'EURE.

RAPPORT

A Monsieur le Préfet de l'Eure, par la Commission d'Enquête des travaux de la Seine maritime.

Rouen, le 24 *Octobre* 1850.

Monsieur le Préfet,

Par votre arrêté, en date du 3 août 1850, rendu en exécution d'une dépêche de M. le Ministre des Travaux publics du 16 juillet précédent, vous avez ordonné qu'une enquête serait ouverte dans le département de l'Eure sur les projets de travaux à exécuter pour compléter l'amélioration de la navigation de la Seine à la mer.

Il résulte de cet arrêté :

Que M. le Ministre des Travaux publics a posé 24 questions;

Que l'enquête doit porter sur ces questions;

Que 3 de ces questions (les 5e, 6e et 7e) ont pour objet de constater l'effet produit par les travaux déjà exécutés de Villequier à Quillebeuf;

Que 4 autres questions (les 1re 2e, 3e et 4e) sont relatives à la première partie des travaux projetés; que cette première partie est en amont des travaux déjà exécutés, et s'étend de la Mailleraye à Villequier;

Que les 17 dernières questions (les 8e et suivantes jusques et comprise la 24e) concernent la seconde partie des travaux projetés; que cette seconde partie est en aval des travaux déjà exécutés, et s'étend de Quillebeuf à La Roque.

L'arrêté porte que : « Des registres destinés à recevoir « les observations auxquelles pourront donner lieu les pro- « jets ci-dessus indiqués, resteront ouverts pendant un mois, « à partir du 10 août, alors courant :

« A la préfecture de l'Eure, bureau des Ponts-et-Chaus- « sées.

« A la sous-préfecture de Pont-Audemer.

« A la mairie d Q uill ebeuf. »

Le même arrêté ajoute ce qui suit :

« A l'expiration du délai fixé pour la clôture du registre, la « Commission ci après désignée se réunira à Évreux en « l'Hôtel de la Préfecture de l'Eure, sur la convocation du « Préfet, à l'effet d'examiner les déclarations consignées au « registre d'enquête, et de donner, après avoir entendu « M. l'ingénieur en chef Doyat et M. l'ingénieur ordinaire « Beaulieu, et après s'être entourée de tous les renseigne- « ments dont elle croira avoir besoin, son avis motivé tant « sur l'utilité des projets que sur les diverses questions qui « ont été posées par l'administration. »

Enfin, M. le Préfet, vous avez nommé membres de cette Commission :

M. De Vatimesnil, représentant et membre du Conseil général, Président ;

M. Lefebvre-Duruflé, représentant et membre du Conseil général;

MM. D'Osmoy et Licquet, membres du Conseil général;

MM. Lereffait, Duhétray, Prevost, Lechevallier, Lecompte-Désormaux, membres du Conseil municipal de Pont-Audemer.

M. Hébert, maire de Quillebeuf; M. Deheulle, ancien capitaine au long cours; M. Lemariey, maire de Vieux-Port, et M. Guérard, maire de Saint-Aubin-sur-Quillebeuf.

Conformément à cet arrêté, des registres ont été ouverts à la préfecture de l'Eure, à la sous-préfecture de Pont-Audemer et à la mairie de Quillebeuf. L'ouverture de ces trois registres a eu lieu le même jour 10 août; mais quoique votre arrêté et l'ouverture de l'enquête eussent reçu toute la publicité voulue par les réglements et l'usage, aucune observation n'a été consignée sur les registres. C'est ce qui résulte de l'inspection de ces registres et de la teneur des arrêtés de clôture, en date. savoir: à Évreux du 10 septembre, à Pont-Audemer du 16, et à Quillebeuf du 14 du même mois.

La première partie de notre mission qui, aux termes de l'arrêté du 3 août, devait consister *à examiner les déclarations consignees au registre d'enquête*, se trouve donc sans objet.

Dans cette situation, il nous restait à nous occuper de la seconde partie de cette mission, consistant *à donner notre avis motivé, tant sur l'utilité des projets que sur les diverses questions qui ont été posées par l'administration.* Nous avons pensé que nous ne pouvions donner cet avis en pleine connaissance de cause qu'après avoir visité les travaux faits et les lieux dans lesquels doivent s'exécuter les travaux indiqués par les projets, et après avoir entendu les pilotes et autres marins qui naviguent constamment sur la Seine maritime. Nous y étions autorisés par les termes de l'arrêté du 3 août qui nous accorde la faculté *de nous entourer de tous les renseignements dont nous croirons avoir besoin.*

Ayant appris que la Commission du département de la

Seine-Inférieure avait résolu de recourir aux mêmes moyens d'instruction, et qu'elle devait, à cet effet, s'embarquer le 10 de ce mois, à Caudebec, sur le bateau à vapeur *le Jupiter,* nous nous sommes rendus dans cette ville, où nous sommes arrivés à 9 heures du matin. Nous y avons trouvé Messieurs les membres de la Commission de la Seine-Inférieure ; nous les avons priés de nous permettre de nous joindre à eux pour faire en commun l'exploration dont il s'agissait ; et cette proposition ayant été acceptée, nous nous sommes embarqués avec eux sur *le Jupiter.* Ce bâtiment s'est immédiatement dirigé sur Quillebeuf. De Caudebec à Villequier, nous avons vu une partie des eaux dans lesquelles doivent s'exécuter les travaux d'amont. De Villequier à Quillebeuf, nous avons vu et examiné attentivement les travaux déjà effectués. Nous avons été frappés de l'habileté avec laquelle ils avaient été conçus et dirigés. Vous nous faisiez l'honneur de nous accompagner, M. le Préfet, et nous avons lieu de croire que vos impressions ont été semblables aux nôtres. MM. les ingénieurs Doyat et Beaulieu nous ont donné des explications très détaillées sur ces travaux et sur l'effet qu'ils avaient produit relativement à la navigation. Nous avons vu les alluvions qui se forment de chaque côté du fleuve, entre le rivage et la digue, et nous avons pris des renseignements circonstanciés sur ces alluvions.

Arrivés à Quillebeuf vers onze heures, nous y avons débarqué ; nous nous sommes rendus à l'extrémité du quai du côté de la mer pour voir arriver le flot. Nous avons reconnu qu'il venait paisiblement et que le mouvement impétueux, désigné en Normandie sous le nom de *barre,* et ailleurs sous le nom de *mascaret* n'existait plus maintenant. Nous sommes ensuite rentrés dans le bateau à vapeur, et là, nous avons, conjointement avec la Commission de la Seine-Inférieure, procédé à l'audition d'un certain nombre de pilotes et autres marins de Quillebeuf, d'Honfleur et de Berville-sur-Mer. Le procès-verbal de cette enquête a été rédigé et signé par les deux Commissions; la minute est restée entre les mains des membres de la Commission de la Seine-Inférieure, et il nous en a été délivré une expédition qui est jointe au procès-verbal de notre opération et au présent rapport.

Le *Jupiter* s'est dirigé d'abord vers le *Nais* de Tancarville, et ensuite vers la pointe de La Roque. Nous avons examiné cette partie du fleuve dans laquelle doivent être exécutés les travaux en aval de Quillebeuf. Cette excursion terminée, le bateau à vapeur a remonté le fleuve et nous a conduits à Rouen où nous sommes arrivés à 9 heures du soir. Dans ce parcours, notre attention s'est portée notamment sur la partie de la Seine qui est entre Caudebec et La Mailleraye. Nous n'avions pu la voir en descendant, puisque nous nous étions embarqués à Caudebec; une portion des travaux d'amont doit s'exécuter dans ces eaux. Là se trouve le banc des *Meules* qu'il s'agit de draguer. MM. les ingénieurs Doyat et Beaulieu nous ont donné de la manière la plus lumineuse, tous les renseignements désirables. M. Delabare du Parc, Ingénieur à Pont-Audemer, qui nous accompagnait, nous en a fourni aussi de très utiles, tant dans le cours de notre exploration que dans la délibération à laquelle nous nous sommes livrés le lendemain, ainsi que nous le dirons dans quelques instants. Il nous a spécialement éclairés sur tout ce qui tient à la navigation de la Risle et au marais Vernier.

Au moment de notre arrivée à Rouen, nous vous avons fait remarquer que notre réunion à Evreux serait inutile; que nous ne pourrions y trouver aucun renseignement nouveau; que toutes les pièces relatives à l'affaire dont nous nous occupions étaient entre nos mains; et nous vous avons prié de nous autoriser à délibérer à Rouen où nous nous trouvions tous réunis, à l'exception de M. Lefebvre-Duruflé qu'un empêchement légitime retenait chez lui. Vous avez bien voulu y consentir, et en conséquence il a été décidé qu'au lieu de terminer notre opération à Evreux, comme le portait votre arrêté du 3 août, nous la terminerions à Rouen.

Le lendemain 11, nous nous sommes réunis à *l'Hôtel du Nord*; nous avons examiné successivement les vingt-quatre questions sur lesquelles nous sommes consultés; nous avons aussi délibéré sur l'utilité des travaux auxquels s'appliquent les projets, et nous avons nommé rapporteur M. de Vatimesnil, président de la Commission.

L'avis motivé que nous devons émettre, aux termes de l'arrêté du 3 août, se trouve consigné dans le présent rapport.

Il nous a paru convenable de commencer par vous faire connaître notre opinion sur chacune des questions posées par M. le ministre, avant de nous expliquer sur *l'utilité des travaux*. Ce que nous aurons à dire relativement à ce dernier point, sera la conséquence des solutions que nous aurons données aux questions dont il s'agit : le résumé succèdera au détail, le travail de synthèse au travail d'analyse : tel est, selon nous, l'ordre naturel.

Nous vous soumettons donc d'abord notre avis sur les vingt-quatre questions du programme.

1re PARTIE.

Première Question. (V. le texte des questions, p. 83 et suiv.) — R. Oui; Il n'y pas assez d'eau sur ce banc; si on le laissait subsister on n'obtiendrait pas les avantages qui seront expliqués ci-après dans la réponse à la dix-septième question.

Deuxième Question. — R. Non; le draguage du banc des Meules n'influera pas plus sur le port de Rouen que ne l'ont fait les travaux déjà exécutés. Quoique l'effet de ces travaux ait été de creuser considérablement le chenal entre Villequier et Quillebeuf, le régime des eaux dans le port de Rouen n'a pas éprouvé de changement sensible ni préjudiciable. La suppression du banc des Meules n'y produira pas plus d'effet.

Nous ajoutons surabondamment que, lors même que la profondeur du fleuve à Rouen éprouverait une légère diminution, il n'en résulterait aucun inconvénient, parceque cette profondeur est plus considérable qu'il n'est nécessaire; mais ce n'est là qu'une hypothèse qui ne se réalisera pas.

Troisième Question. — R. Oui; il est indispensable de construire deux digues longitudinales parceque le fleuve étant trop large dans cette partie de son cours, son lit n'a pas assez de profondeur. Il acquérera celle qui est nécessaire, si l'on fait deux digues comme entre Villequier et Quillebeuf. La construction d'une seule digue, ou d'un chemin de halage tenant lieu de digue, serait un travail tout-à-fait inutile, parceque les eaux, n'étant pas contenues du côté opposé, se reporteraient sur l'autre rive, et que des amas de sable se formeraient dans le lit tout entier, comme ils se forment aujourd'hui. A cet égard, l'expérience des travaux déjà exécutés entre Villequier et Quillebeuf est décisive. On avait commencé par construire la digue qui est du côté du Sud; celle qui est du côté du Nord n'a été construite que postérieurement et à trois reprises différentes. Or, il est constant que le lit du fleuve ne s'est creusé dans chaque partie, qu'à dater du moment où il y a eu deux digues en face l'une de l'autre.

Quatrième Question. — R. Oui ; la construction d'un chemin de halage sera utile; elle le sera d'autant plus que les travaux projetés, en améliorant la navigation du fleuve, rendront l'emploi des remorqueurs à vapeur moins fréquent qu'il ne l'est aujourd'hui.

Le chemin de halage devra être contigu à la digue construite du côté où il sera placé ; et, en conséquence, il ne pourra être établi que lorsque l'espace compris entre la digue et le rivage actuel se trouvera comblé par des attérissements. C'est ce qui aura lieu promptement; car, dans la partie supérieure du cours du fleuve, les alluvions entre les digues et le rivage se forment avec une grande rapidité. Près de Villequier, on voit aujourd'hui de belles prairies dans des endroits qui, il y a deux ans, faisaient partie du lit de la Seine, et étaient couverts d'eau. Il en sera de même, à plus forte raison, entre la Mailleraye et Villequier. En répondant à la 8e question, nous expliquerons pourquoi, dans l'état actuel des choses, le progrès des alluvions devient plus lent, à mesure qu'on descend de Villequier à Quillebeuf et qu'on approche de ce dernier lieu.

IIe PARTIE.

Cinquième Question. — R. Non; il n'y a pas d'abaissement notable.

Sixième Question. — R. Elle ne s'est reformée nulle part.

Septième Question. — R. Avant les travaux, les navires ne pouvaient remonter de la mer à Rouen, que pendant cinq jours par mois lunaire environ.

Maintenant, ils peuvent remonter tous les jours.

Avant les travaux, il y avait des naufrages fréquents dans le parcours de Quillebeuf à Villequier.

Maintenant, il n'y en a plus.

Avant les travaux, il y avait une *barre*.

Maintenant, il n'y en a plus.

Les travaux ont fait gagner un mètre, au moins, sur le tirant d'eau des navires.

Le prix du fret a considérablement diminué depuis que les travaux sont effectués. En admettant qu'une partie de cette diminution puisse être attribuée soit à la concurrence des chemins de fer, soit à d'autres circonstances commerciales, nous sommes convaincus que la plus forte partie de l'abaissement de prix dont il s'agit provient de l'amélioration de la navigation produite par les travaux. Ce qui le prouve surtout, c'est la comparaison entre le prix du fret de Bordeaux et de Marseille au Havre, et le prix du fret de Bordeaux et de Marseille à Rouen. La différence est évidemment le prix du parcours de la Seine, de la mer à Rouen. Or, cette différence s'est réduite de près de 50 pour 100, depuis l'exécution des travaux.

IIIe PARTIE.

Huitième Question. — R. Oui ; l'expérience déjà faite donne à cet égard, non seulement de l'espérance, mais une certitude à-peu-près complète.

Le succès paraît infaillible, surtout si l'on appuie les digues, comme le projet l'indique, d'un côté sur la pointe de Tancarville, et de l'autre sur la pointe de La Roque. A ce moyen, les espaces compris de chaque côté, entre la digue et le rivage, se trouveront fermés ; le flot n'y entrera que dans les pleines mers de vive-eau, les digues s'élevant jusqu'à la hauteur de la pleine mer de morte-eau; les sables et la vase ne se trouveront plus labourés et bouleversés par les courants; des alluvions se formeront dans les espaces dont il s'agit, comme il s'en est formé au-dessous de Villequier Ce qui retarde aujourd'hui la marche des alluvions à l'approche de Quillebeuf, c'est que rien ne s'oppose à l'entrée de la marée dans les parties du lit du fleuve qui se trouvent au nord de la digue du côté droit, et au sud de la digue du côté gauche. Il en résulte que l'impétuosité du flot et la rapidité du jusant mettent constamment en mouvement le terrain et l'empêchent de prendre de la consistance. En approchant de Villequier, cet effet est moindre, parce qu'on est plus haut et à une plus grande distance de la mer. Voilà pourquoi les alluvions s'y forment plus facilement et plus promptement qu'en descendant vers Quillebeuf. Mais quand les digues s'attacheront, l'une à la pointe de Tancarville, l'autre à la pointe de La Roque, et formeront les portions du lit du fleuve dont nous venons de parler, les alluvions se formeront facilement partout; les digues s'appuieront, l'une à droite, l'autre à gauche, contre un terrain ferme; le cours du fleuve sera réduit au chenal compris entre les deux digues; le fond se creusera comme il s'est creusé de Villequier à Quillebeuf, et on ne sera plus exposé à un accident dont nous avons trouvé la trace dans quelques endroits; aujourd'hui, le flot qui entre dans l'espace non fermé placé entre la digue et le rivage, surtout du côté du nord, passe quelquefois par-dessus la digue avec assez de force pour jeter dans le chenal, compris entre les deux digues, une certaine quantité de sable.

Quoiqu'il ne soit jusqu'ici résulté de là aucun dommage notable, c'est un inconvénient qu'il est désirable de voir disparaître et qui peut retarder le creusement du chenal, si l'on n'y remédie pas au moyen des travaux indiqués dans le projet. Il ne pourra plus se reproduire lorsque les digues se lieront à la terre ferme, tant à La Roque qu'à Tancarville, et ne laisseront de passage au flot que dans les hautes-mers, pour pénétrer dans les espaces où doivent se former les attérissements.

A tout ce qui précède, nous croyons devoir ajouter une raison fondée sur l'expérience : dans l'état naturel du fleuve, on a vu le chenal se maintenir longtemps dans la même direction, lorsqu'il se trouvait contenu par de gros bancs de sable; il y est resté quelquefois pendant douze ou quatorze ans.

Ne peut-on pas considérer comme certain que des digues produiront le même effet ?

Neuvième Question. — R. Celui qui est indiqué par les ingénieurs. De Quillebeuf à Tancarville, le tracé doit le plus possible être porté vers le nord, afin d'éviter un banc de rochers qui paraît être la continuation de la montagne située au sud, et qui, sous l'eau, s'abaisse progressivement à mesure qu'on avance transversalement vers le rivage du nord. Ces rochers sont connus dans le pays sous le nom d'*Ors*.

Dixième Question. — R. Au moment de leur construction, jusqu'à la hauteur de la pleine-mer de morte-eau. La pleine-mer de vive-eau passera par dessus, et déposera, dans les espaces fermés par les digues, du sable et de la vase; les attérissements se formeront, et lorsqu'ils seront formés, on pourra élever progressivement les digues.

Onzième, douzième et treizième Questions. — R. Nous réunissons ces trois questions qui nous paraissent connexes.

On ne peut s'arrêter à Quillebeuf par plusieurs raisons:

1° Parce que, comme l'a dit la commission du budget dans son rapport: « Si la digue droite s'arrêtait vis-à-vis de Quillebeuf, elle présenterait sa tête à la poussée des flots et serait infailliblement détruite. »

2° Parce que l'espace situé entre cette digue droite et le rivage nord ne serait pas fermé, ce qui empêcherait ou du moins retarderait les alluvions, et donnerait lieu aux inconvénients signalés dans notre réponse à la huitième question.

3° Parce que les divagations du fleuve, en aval de Quillebeuf, continueraient à se produire; qu'il ne se formerait pas de chenal fixe, et qu'on ne trouverait pas la profondeur nécessaire pour faire remonter des navires d'un fort tonnage; en sorte qu'on ne profiterait pas complètement du bénéfice des travaux exécutés entre Villequier et Quillebeuf, et du creusement du chenal que ces travaux ont produit. Pour que le creusement entre Villequier et Quillebeuf porte tous ses fruits, il faut qu'il y ait un creusement semblable entre Quillebeuf et les deux pointes de Tancarville et de La Roque, ce qui ne pourrait s'opérer si les travaux s'arrêtaient à Quillebeuf.

Il faut donc continuer les travaux en aval de ce port.

Ce point une fois établi, il n'y a que trois solutions possibles:

1° Faire une seule digue de Quillebeuf à Tancarville; cette digue serait la digue droite; la gauche s'arrêterait à Quillebeuf.

2° Faire deux digues qui ne s'avanceraient ni l'une ni l'autre au delà de Tancarville.

3° Continuer, comme l'indique le projet, la digue droite jusqu'à Tancarville, et la digue gauche jusqu'à La Roque.

La première de ces trois solutions ne nous paraît pas admissible, et nous sommes intimement convaincus que, si on l'adoptait, la dépense de construction de cette digue serait en pure perte. Il suffit, en effet, de jeter les yeux sur la carte pour voir que la courbe, formée par cette digue, s'étendant beaucoup vers le nord par le motif indiqué dans notre réponse à la neuvième question, la portion du lit du fleuve qui resterait libre, au sud de cette digue, serait très vaste; elle formerait au moins les deux tiers de la baie qui existe aujourd'hui entre Quillebeuf, Tancarville et La Roque. Cet espace restant ouvert à tous les courants et au caprice des vents et des flots, le chenal navigable n'aurait guère plus de fixité qu'il n'en a aujourd'hui, le mouvement des bancs de sable en ferait sans cesse changer la direction; il n'y aurait pas de creusement, car, ainsi que nous l'avons établi dans notre réponse à la troisième question, le lit du fleuve ne se creuse que lorsque le courant est contenu entre deux digues longitudinales. Il résulte de la déposition du pilote Liétout que toutes les fois que le chenal se trouve resserré entre le rivage et un banc de sable, il se creuse. Il en est de même lorsqu'il est resserré entre deux digues. Toutes les observations, toutes les expériences, tous les faits sont d'accord sur ce point.

Si l'on ne construisait qu'une seule digue, de Quillebeuf à Tancarville, l'espace situé au sud de cette digue n'étant pas fermé, il ne s'y formerait pas d'alluvions. L'étendue de cet espace ne peut être évalué à moins de 2,200 hectares. On se priverait donc de la création d'une valeur qui, à raison de 4,000 fr. l'hectare, s'élèvera un jour à 9,000,000. L'Etat ayant droit à la moitié de cette valeur, aux termes de la loi du 16 septembre 1807, il y aurait pour lui perte, ou manque à gagner, ce qui revient au même, de 4,500,000 fr.; et comme la dépense de la seconde digue, de Quillebeuf à La Roque, n'est évaluée qu'à 2,148,000 fr., on voit que, même au point de vue purement financier, la solution dont il s'agit serait détestable.

Enfin, cette solution présenterait un grave danger pour le territoire de notre département. Le marais Vernier se trouverait en face de cette digue unique. Déjà 300 hectares de ce marais ont été engloutis par les eaux. La construction d'une seule digue, du côté du nord, deviendrait, pour cette localité, la cause de nouveaux désastres, parce que le fleuve, trouvant un obstacle au nord, se porterait avec plus de violence vers le sud. Nous croyons, en conséquence, devoir insister très vivement pour que la construction de la digue sud, de Quillebeuf à La Roque, soit effectuée en même temps que celle de la digue nord, ou que du moins, si les travaux des digues ne peuvent être exécutés simultanément, il y ait le moins d'intervalle possible entre la confection de la digue nord et celle de la digue sud. Cette dernière, une fois construite, le marais Vernier sera protégé; les alluvions s'opéreront, et on recouvrera les 300 hectares perdus que nous n'avons pas compris dans les 2,500 hectares dont il a été question ci-dessus. Des raisons d'intérêt local viennent donc ici à l'appui des raisons d'intérêt général que nous avons indiquées plus haut.

La seconde solution qui consisterait à conduire jusqu'à Tancarville seulement deux digues longitudinales, n'est pas plus acceptable que la première, parce que la tête de la digue sud, restant exposée à l'action des flots, sa destruction serait inévitable; parce que les alluvions entre cette digue et le marais Vernier seraient impossibles; et enfin parce que le marais Vernier resterait à découvert.

La troisième solution, qui est celle du projet, est donc seule admissible, car, seule, elle offre des avantages qui ne sont balancés par aucun inconvénient.

Quatorzième Question. — R. Nous ferons observer que l'intervalle entre les digues à Quillebeuf n'est pas de 500 mètres, comme le porte cette question, mais seulement de 450 mètres. Il faut s'en féliciter, car cette largeur est suffisante, *tant pour la manœuvre des batiments que pour l'introduction des marées*. Une largeur plus considérable atténuerait le bon effet des travaux: le creusement et le nettoiement du chenal s'opéreraient d'une manière moins puissante et moins complète.

Les digues devront laisser entr'elles, à Tancarville, un espace de 50 mètres de plus, c'est-à-dire de 500 mètres. La règle observée par les ingénieurs consiste à effectuer un élargissement de 10 mètres par kilomètre; elle nous paraît satisfaisante.

A l'appui de tout ce qui précède, nous devons remarquer que jamais le fleuve, dans ses caprices, n'a livré un chenal de 500 mètres de largeur, et même que cette étendue n'a jamais été dépassée par la somme totale des divers courants navigables qui se sont établis entre les bancs.

Quinzième Question. — R. Par des fanaux.

Seizième Question. — R. Un double avantage:

1° D'avoir une plus grande profondeur d'eau, ainsi que nous le dirons dans notre réponse à la question suivante.

2° D'avoir un chenal fixe, régulier, et qui ne sera plus sujet aux divagations qui se sont produites jusqu'ici.

Sur ce dernier point, une observation est nécessaire : il est dans la nature de beaucoup de rivières, et en particulier de la Seine, de serpenter et de décrire des courbes; c'est ce que la Seine fait dans sa partie supérieure, et c'est aussi ce qu'elle continue de faire dans sa partie inférieure, lorsque son cours n'est pas obstrué par les bancs de sable que les marées apportent. Les ingénieurs, les pilotes et les navigateurs ont remarqué que, lorsque le chenal suit, de Quillebeuf à Tancarville, une courbe à-peu-près semblable à celle que présente le tracé du projet, il se reporte ensuite vers La Roque, et, après avoir suivi les sinuosités de la rive sud jusqu'à Honfleur, retourne de Honfleur au Havre. La direction du chenal le long de la rive sud de La Roque à Honfleur est, comme l'enquête l'a constaté, la direction habituelle; elle a lieu les *deux tiers et demi du temps*, pour nous servir de l'expression de l'un des témoins. C'est donc la direction la plus conforme à la nature. C'est aussi la meilleure pour la navigation, parce que le chenal, lorsqu'il se trouve dans cette partie du lit du fleuve, est à l'abri des vents d'Ouest, et qu'il a, en général, plus de profondeur que quand il suit une autre ligne. Le but des travaux doit donc être de fixer le plus possible le chenal le long de la rive sud de La Roque à Honfleur. Or, tel sera, selon nous, le résultat du tracé adopté par les ingénieurs. Les eaux contenues entre les deux digues de Quillebeuf à Tancarville auront un mouvement circulaire qui, après les avoir portées vers le nord, leur imprimeront une direction vers la pointe de La Roque : elles suivront cette direction en vertu de l'impulsion donnée et de la vitesse acquise ; la digue qui se prolongera de Tancarville à La Roque, bien qu'elle soit unique, contribuera à jalonner et à maintenir la direction dont il s'agit; et le chenal, se trouvant ainsi arrivé le long de la rive sud avec une rapidité plus grande que celle qu'il pouvait avoir antérieurement aux travaux, y restera jusqu'à Honfleur, parce qu'il est dans sa nature d'y rester toutes les fois qu'il n'est pas contrarié par des obstacles accidentels.

Telles sont nos prévisions, et elles concordent avec celles de tous les marins.

Dix-septième Question. —R. De quatre mètres au moins, si l'on effectue les travaux projetés, tant en aval qu'en amont, y compris le draguage du banc des *Meules*.

En vive-eau, les navires calant 6 mètres pourront remonter jusqu'à Rouen.

Dix-huitième Question — R. *Sur la barre :* de la faire disparaître entièrement ;

Sur les courants : d'avoir un chenal fixe au lieu de courants irréguliers et qui changent d'une marée à l'autre;

Sur les rives : de les protéger contre l'action destructive des eaux, et d'y ajouter des alluvions d'une valeur très considérable.

Dix-neuvième Question. — R. de le rendre accessible à des batiments d'un tonnage beaucoup plus fort que celui des navires qui peuvent y arriver aujourd'hui, et d'y prolonger la durée de la marée. Cette durée, déjà augmentée d'une heure par les travaux effectués, s'accroîtra encore par l'exécution des travaux auxquels s'applique le projet. Aucun inconvénient, selon nous, ne balancera ces avantages.

Vingtième Question. — R. Sur le Havre, l'influence ne peut être que bonne, parce qu'il est dans la nature des choses, comme nous l'avons expliqué dans notre réponse à la 17e question, que le principal courant, après avoir longé la rive gauche jusqu'à Honfleur, se reporte vers le Havre. En admettant que cette prévision ne se réalise pas, du moins il est certain que les travaux ne peuvent, sous le rapport nautique, nuire au port du Havre.

Ils seront utiles à Honfleur, parce que le courant sera plus constamment du côté du sud.

Quant à Harfleur, l'effet des travaux sera nul.

Vingt-unième Question. — R. Par *baie de la Seine*, on entend probablement ici l'espace qui s'étend entre les pointes de Tancarville et de La Roque d'un côté, et la pleine-mer de l'autre côté.

L'influence des travaux ne peut être que favorable à cette partie du fleuve.

1° Parce que, comme nous l'avons déjà dit, le principal courant sera plus fixe;

2° Parce que les bancs de sable diminueront.

Quelques personnes ont, sur ce dernier point, émis une opinion opposée à celle que nous énonçons. Elles ont cru que les bancs de sable qui existaient en amont, se trouvant détruits par l'effet des travaux, viendraient se reformer en aval, c'est-à-dire dans *la baie de la Seine*, qui se trouverait ainsi encombrée.

Nous pensons que c'est là une grave erreur.

Pour s'en convaincre, il suffit d'examiner comment se forment les alluvions dans les parties du fleuve situées entre chaque digue et le rivage voisin. Les sables et la vase qui produisent l'alluvion ne peuvent provenir que de trois origines, savoir :

Le sédiment qui vient de la Seine supérieure;

Les matières qui étaient au fond du chenal, compris entre les deux digues, et qui se trouvent enlevées par le fait du creusement de ce chenal.

Enfin, les sables et la vase apportés par la marée montante.

Or, il est certain que ce qui provient des deux premières origines ne forme qu'une portion minime de la masse totale des alluvions. Tous ceux qui ont observé les faits en sont convaincus; et M. l'ingénieur Doyat procède maintenant à des expériences et des calculs qui établiront cette vérité avec toute la rigueur d'une démonstration mathématique.

Il résulte de là que les matières qui forment les alluvions proviennent en très grande partie du sable et la vase apportés par la marée montante, et comme ce sable et cette vase arrivent de *la baie de la Seine*, il est évident que l'effet des travaux est non d'encombrer, mais au contraire de débarrasser cette *baie*.

Vingt-deuxième Question. —R. L'influence sera très bonne, parce que le principal courant se trouvera fixé au sud et que l'embouchure de la Risle sera dégagée de bancs de sable.

Les dépenses que le Gouvernement et le département de l'Eure font pour l'amélioration de la navigation de la Risle deviendront donc plus utiles. Des navires d'un tonnage plus fort pourront arriver à Pont-Audemer.

Il faut ajouter que les dépenses dont nous venons de parler se trouveront diminuées parce qu'il y aura moins de travaux à faire à l'embouchure de la Risle.

4e PARTIE.

Vingt-troisième Question. — R. En morte-eau, quatre mètres ; en vive-eau, six mètres.

Vingt-quatrième Question. — R. Cette direction est très variable ; l'état actuel du chenal ne remonte pas à plus de trois mois. Cependant la direction la plus ordinaire, la plus naturelle, et en même temps la meilleure pour la navigation, est conforme à celle que les travaux projetés ont pour but de rendre fixe et permanente.

RÉSUMÉ ET OPINION

DE LA COMMISSION SUR L'UTILITÉ DES PROJETS.

Ainsi que nous l'avons annoncé plus haut, après avoir discuté tous les points de détail, nous terminerons par une conclusion générale.

Non-seulement nous sommes convaincus de *l'utilité des projets*, mais nous croyons que jusqu'ici il n'y a peut-être pas eu d'exemples que des améliorations d'une aussi haute importance aient été exécutés à aussi peu de frais.

Les communications par eau sont aujourd'hui en concurrence avec les communications par voie de fer. Cette concurrence est un bienfait pour le pays, parce que, en diminuant le prix des transports, elle augmente la consommation et favorise l'industrie tant agricole que manufacturière, le commerce et toutes les spéculations légitimes. Ce qu'on doit souhaiter, c'est que la balance entre ces deux genres de communication reste égale, autant que possible, et que ni l'un ni l'autre ne succombe; car alors les avantages de la concurrence s'évanouiraient. Or, on ne peut se dissimuler que, dans ce conflit, les communications par eau ne soient sérieusement menacées; il faut donc venir à leur secours. Les chemins de fer ont coûté à l'Etat des sommes énormes; les communications par eau réclament à leur tour des perfectionnements. Ce n'est pas seulement là une question d'équité; c'est aussi une question d'intérêt public et de puissance nationale; *d'intérêt public*, car cet intérêt s'oppose à toute espèce de monopole; *de puissance nationale*, car si les communications par eau venaient à diminuer sensiblement, le personnel de notre marine marchande décroîtrait, et cet amoindrissement aurait pour conséquence la diminution des forces de notre marine militaire.

Parmi les voies de communication par eau qu'il importe d'améliorer, la Seine tient le premier rang, parce qu'elle a sur ses rives les plus grands centres de population, de commerce et d'industrie, des campagnes parfaitement cultivées et riches en produits agricoles, des villes où l'on consomme beaucoup et où l'on fabrique beaucoup. En outre, elle se lie avec les autres voies de communication par eau ; d'abord par ses affluents navigables; et, en second lieu, par un système de canaux qui s'y rattache. La libre entrée et la facile sortie de la Seine sont, pour ainsi dire, la clé de la navigation, tant maritime qu'intérieure de la France entière.

Aussi voit-on tous nos grands ports de commerce, Marseille, Bordeaux, Nantes et plusieurs autres, émettre le vœu que le projet aujourd'hui soumis à l'enquête soit exécuté : le sort de la navigation française, considérée dans son ensemble, est lié à ce projet. Rendre le parcours de la Seine, de la mer à Rouen, plus facile, plus sûr, plus économique, c'est donner une nouvelle vie au cabotage petit et grand; c'est assurer des débouchés aux produits que le Midi et l'Ouest de la France nous expédient, et à ceux que nous leur envoyons en retour.

Maintenant, peut-on raisonnablement élever le moindre doute sur les heureux effets que les travaux projetés opèreront relativement à la navigation de la Seine maritime? un pareil doute nous semble impossible. On procède ici par une induction décisive : les travaux déjà exécutés ont creusé et nettoyé le chenal; le tirant d'eau des navires qui peuvent arriver jusqu'à Rouen est considérablement augmenté; les naufrages ont cessé; le fleuve est navigable tous les jours, au lieu de l'être seulement un petit nombre de jours chaque mois; le fret a énormément baissé; les primes d'assurance tendent à diminuer avec les risques : voilà les données incontestables que fournit l'expérience. Or, de quoi s'agit-il aujourd'hui? de travaux de même nature, et qui, par conséquent, doivent nécessairement produire les mêmes effets. Les obstacles ont été détruits entre Villequier et Quillebeuf, par les modifications que les deux digues longitudinales ont apportées au mouvement des eaux; ils seront détruits aussi, en amont de Villequier et en aval de Quillebeuf, par l'emploi de moyens semblables. Le sentiment de tous les hommes qui ont observé et étudié la Seine maritime, est uniforme à cet égard : commission nautique, ingénieurs, pilotes, marins, habitants des bords du fleuve, tous décident la question de la même manière. La théorie des savants est d'accord avec la pratique des gens du métier. Les travaux à faire sont d'ailleurs le complément indispensable des travaux faits, puisqu'on ne peut, comme M. le rapporteur du budget l'a remarqué, laisser la tête de la digue droite devant Quillebeuf exposée à l'action des flots.

Déjà, par les travaux effectués, on a gagné environ un mètre de tirant d'eau; par l'effet des travaux projetés, on gagnera encore un mètre au moins, et on obtiendra l'avantage de la fixité du chenal. C'est donc avec raison que l'un des témoins entendus à Quillebeuf a dit, dans un langage frappant par sa naïveté même, que l'exécution du projet serait le *comble du bien*.

A ces grands résultats, il faut ajouter l'amélioration de la navigation de la Risle et la protection du marais Vernier, objets sur lesquels la commission du département de l'Eure a caractère pour appeler l'attention du Gouvernement.

Pour réaliser tous ces perfectionnements, combien aura-t-on dépensé en totalité? 10,500,000 fr., dit M. l'ingénieur Doyat, (page 78 des documents imprimés de l'enquête).

Mais indépendamment des avantages incalculables que les travaux procureront à la navigation, ils produiront une compensation pécuniaire à-peu-près égale à la dépense : nous voulons parler des alluvions. La surface totale des terrains productifs qui seront ainsi créés est évaluée à 4,500 hectares, en comptant ce qui est en amont de Quillebeuf et ce qui est en aval, tant au nord qu'au sud des digues. L'hectare de ces terrains, qui formeront de magnifiques prairies, ne pouvant être estimé, ainsi que nous l'avons déjà dit, à moins de 4,000 fr., on arrive ainsi à une valeur de 18,000,000 fr., sur lesquels l'État a droit à moitié, c'est-à-dire à 9,000,000 de fr., ce qui couvrira les 6/7es de la dépense; mais les 9,000,000 afférents aux riverains ne seront pas improductifs pour le Trésor : les contributions directes auxquelles ils seront soumis et les droits de mutation auxquels ils donneront ouverture, achèveront de faire rentrer dans les caisses de l'État ce qui en sera sorti. N'est-ce pas, d'ailleurs, un avantage digne d'être apprécié que cette création de terrains qui augmentent la richesse du sol et les produits de l'agriculture, surtout quand ces terrains sont des prairies, genre de propriété d'autant plus précieux qu'il est plus rare en France?

Que restera-t-il donc? D'immenses bienfaits pour la navigation, qui n'auront en définitive rien coûté aux contribuables; une simple avance faite par le Trésor pour obtenir un résultat qui mériterait d'être acheté au prix des plus grands sacrifices.

L'administration, en exécutant les travaux qui existent entre Villequier et Quillebeuf, a déjà acquis des droits à la reconnaissance publique; elle en a acquis de nouveaux, en ordonnant une enquête qui doit l'éclairer sur les travaux qui restent à faire. Enfin, elle mettra le sceau à cette série d'actes dignes d'éloges, en demandant au pouvoir législatif les fonds nécessaires pour l'exécution de ces travaux, ainsi que la Commission du budget l'y a exhortée, et en les effectuant avec le plus de célérité possible dans la totalité de leur étendue, comme nous l'avons dit en répondant aux 11e, 12e et 13e questions.

Nous terminons en déclarant que notre opinion sur toutes les questions, tant générales que particulières, traitées dans ce mémoire, a été unanime.

Les Membres de la Commission d'enquête de l'Eure pour les travaux de la Seine maritime,

H. DE VATIMESNIL, président et rapporteur.

LICQUET,	DEHEULLE,
D'OSMOY,	GUÉRARD,
LECOMPTE,	LEMARIEY,
DUHÊTRAY,	A. LECHEVALLIER,
PREVOST aîné,	HÉBERT.

Signé par adhésion au présent rapport, après lecture entendue,

LEFEBVRE-DURUFLÉ.

RAPPORT

DE

M. DORTET DE TESSAN,

Ingénieur-Hydrographe,

A M. Le Saulnier de Vauhello, Capitaine de Vaisseau, Président de la Commission nautique.

Paris, *le* 13 *septembre* 1850.

Monsieur le Président,

Vous avez appelé mon attention, 1° sur l'endiguement de la Seine considéré sous le rapport militaire; 2° sur le point du fleuve sur lequel il conviendrait de réunir une flotille de bâtiments à vapeur destinés soit à repousser les attaques de l'ennemi, soit à capturer ses navires de commerce; 3° enfin sur l'étendue et la valeur des terrains nécessaires à la création de quelques ateliers de réparation.

Voici les réflexions que l'examen de ces diverses questions m'a suggérées :

Dans l'état actuel des choses, deux éléments différents concourent efficacement à la défense de la Seine maritime : 1° l'état déplorable de son embouchure entre le Havre et

Quillebeuf; 2° son grand voisinage du port militaire de Cherbourg.

Les travaux d'endiguement exécutés ou projetés dans la Basse-Seine tendent, il est vrai, à faire disparaitre, ou pour mieux dire à amoindrir le premier de ces éléments de défense; mais le second subsistera toujours, et seul il peut suffire, s'il est soutenu par quelques travaux de défense faits aux pointes de La Roque, de Tancarville et de Quillebeuf, sur le trajet du chenal.

Cherbourg est non-seulement le véritable centre d'agression de la France contre le commerce des étrangers dans la Manche, mais il est encore, à mon avis, le meilleur point de réunion pour une flotille de bâtiments à vapeur destinés à protéger la Seine contre toute attaque faite par mer.

De Cherbourg, en effet, elle menace les derrières de l'ennemi qui tenterait d'attaquer la Seine; elle y est entièrement libre de ses mouvements; quelle que soit l'heure du jour ou de la marée, elle peut se mettre en marche, elle peut être rendue devant le Havre en quatre ou cinq heures, c'est-à-dire presqu'aussitôt que l'ennemi. Tandis que si elle est emprisonnée dans la rivière ou même dans les bassins du Havre, elle sera dans l'impuissance d'agir pendant la plus grande partie du temps; et, dans l'autre partie du temps, elle se trouvera dans une position peu favorable à l'action.

Ce serait donc, suivant moi, une mesure malheureuse que d'enfermer une flotille d'agression et même de défense, soit dans la rivière, soit dans les bassins du Havre.

Mais supposons admise la nécessité de créer dans la Seine, à deux pas de Cherbourg, un diminutif de Rochefort ou d'Indret, il y aurait imprudence, à mon avis, à entreprendre cette création avant que les travaux d'amélioration de la Basse-Seine ne soient achevés, et que la rivière n'ait acquis d'une manière stable son nouveau régime. Il est, en effet, possible, et cela serait certain si les travaux réussissaient au gré de la Chambre de Commerce de Rouen, il est possible, dis-je, que de Rouen à la mer il n'existe plus, après ces travaux, un seul mouillage où des bâtiments tirant 6, 5 et même 4 mètres d'eau (1) puissent rester à flot de basse-mer par suite de l'abaissement de la ligne d'étiage, abaissement qui sera la conséquence de celui du fond de la rivière entre Quillebeuf, Tancarville et La Roque. Que deviendrait alors l'établissement créé?

Supposons que l'on insiste et que l'on demande de désigner, dès aujourd'hui, le point qui paraîtrait le plus convenablement placé pour l'établissement projeté. Je désignerais les environs de Caudebec et plus particulièrement le point nommé sur la carte la *Chaussée de Caudebecquet.*

C'est un plateau de roche d'une grande étendue (plus de 600 mètres) dans la direction du courant de la rivière et au pied duquel on trouve 6 à 7^{m} 50 d'eau sur un fond de sable et vase.

La digue projetée de la rive droite doit passer sur le sommet de ce plateau, et isolera ainsi sur une grande longueur et sur une largeur moyenne de 150 mètres, environ 9 hectares de terrain à fond dur sur lequel on pourrait élever solidement toutes sortes de constructions.

Ce plateau se trouvant dans un coude rentrant de la

---

(1) Cela ne paraît pas devoir être à craindre, car, même avec l'endiguement déjà exécuté jusqu'à Quillebeuf, le mouillage de la Seine, qui est de plus de 10 mètres dans le port de Rouen, est encore, à la Mailleraye, de plus de 8 mètres *au-dessous de l'étiage.* Lorsque, à partir de ce point, la Seine sera endiguée jusqu'à Villequier, cette hauteur de mouillage se maintiendra en aval comme en amont, resserrées que seront les eaux dans un chenal étroit. (*Note de la Chambre de Commerce de Rouen.*)

rivière, il est permis de croire qu'il y aura toujours affouillement à son pied, et, par suite, assez d'eau pour le mouillage des bâtiments.

Le chemin de halage devant se trouver sur l'autre rive, ne gênerait en rien ni l'établissement ni les bâtiments au mouillage.

Le voisinage du chemin de fer du Havre à Paris (12 kilomètres sur la même rive) serait un avantage de cette position, et il en serait de même du voisinage de la forêt de Brotonne sur l'autre rive, et des bois de Caudebec.

Ce terrain faisant partie de ceux que les digues projetées doivent faire conquérir sur la rivière, appartiendra pour une moitié au Gouvernement, qui, sans doute, trouvera facilement à acquérir l'autre moitié, soit par échange, pour des terrains plus favorables à l'agriculture ou plus convenablement placés pour la bâtisse, soit à bas prix, à cause de son éloignement de Caudebec.

Signé : DE TESSAN.

RAPPORT

DE

M. le Capitaine de Vaisseau

LE SAULNIER DE VAUHELLO

Président de la Commission nautique,

A M. le Ministre de la Marine et des Colonies.

Paris, le 7 décembre 1850.

Monsieur le Ministre,

J'ai l'honneur de vous adresser mes observations sur l'endiguement de la Basse-Seine au point de vue militaire ; elles ne peuvent être bien complètes, attendu que cet endiguement en septembre dernier, époque à laquelle la Commission nautique que je présidais s'est transportée sur les lieux, était encore loin d'être terminé.

La Commission nautique a vu les travaux d'endiguement exécutés à peu près entièrement, entre Villequier et Quillebeuf; elle a répondu approbativement aux projets de digues, de Quillebeuf à la pointe de Tancarville, sur la rive droite, et à la pointe de La Roque, sur la rive gauche.

La profondeur de l'eau dans le chenal est mon point de départ pour considérer l'endiguement au point de vue militaire. Dans l'état actuel des choses, la plus grande profondeur dans les hautes mers de mortes-eaux, est de 4m 30, d'après le dire des pilotes, entre l'embouchure et Quillebeuf, qui est éloigné de cette embouchure d'environ 20 milles.

Si donc les pilotes font remonter des navires à Rouen au-dessus de ce tirant d'eau, c'est en dehors des marées ordinaires. Aujourd'hui, cela arrive avec le secours des remorqueurs à vapeur qui conduisent jusqu'au mouillage devant Rouen, où l'on trouve 8 et 10 mètres d'eau.

Si j'admets une amélioration dans le chenal, par suite des travaux approuvés et qui sont à exécuter, à mes yeux elle ne peut être que de quelques centimètres; je veux bien admettre qu'au lieu de 4m30, on aura 5 mètres,

Avec cette profondeur de 5 mètres, nos grands bâtiments de guerre à voiles ne peuvent espérer de pénétrer en Seine, nos grands bâtiments de guerre à vapeur non plus. C'est cependant pour ces derniers bâtiments qu'il faut entrevoir un avenir meilleur dans la Seine, par suite de l'endiguement. Ainsi, ce ne sera guère que les bâtiments à vapeur de 2me force, c'est-à-dire les corvettes, qui pourront trouver un refuge dans la Seine Ce refuge, c'est en amont de Quillebeuf qu'il faudra aller le chercher, ce sera d'abord le mouillage du Vieux-Port, tout en observant aujourd'hui que l'endiguement peut le combler de même qu'il peut en créer d'autres.

Cet abri, ou tout autre rapproché de Quillebeuf, pourra être d'une grande importance en temps de guerre pour les croisières établies dans la Manche qui ne seront désormais composées, en quelque sorte, que de bâtiments à vapeur. Cet avantage profitera surtout à nos croiseurs qui se trouveront dans l'est du méridien du Havre; attendu que de ce côté, tous nos ports ne sont que des ports de marée, et à l'entrée desquels il y aura encore moins d'eau que dans le nouveau chenal de la Seine, très probablement.

Un bon mouillage près l'embouchure de la Seine serait du plus grand avantage pour la défense du port du Havre, de même que pour la défense des côtes de l'embouchure.

Si on adopte pour la défense des côtes des batteries flottantes à vapeur, elles seraient pour la défense du Havre de la plus grande importance ; il faudrait les construire de manière à n'avoir qu'un faible tirant d'eau, pour s'approcher plus facilement de la côte, et il serait à désirer que le tirant d'eau soit au-dessous de 4 mètres. Ces bâtiments auraient un avantage immense, en ce qu'ils trouveraient en amont de Quillebeuf un abri assuré, et ne seraient guère qu'à 2 heures de marche de l'embouchure et du Havre, avec la facilité d'appareiller à toutes les marées, par conséquent d'arriver aussitôt que l'ennemi en position de défense.

L'avenir de l'embouchure de la Seine avec les travaux exécutés et ceux proposés jusqu'à Tancarville et la pointe de La Roque, à partir de Quillebeuf, n'a pas paru à la Commission nautique présenter d'obstacles nouveaux pour la navigation, soit pour l'intérieur de la rivière, soit pour l'entrée du Havre, mais bien au contraire faciliter la navigation dans l'intérieur de la rivière, avec l'espoir de soutenir notre cabotage qui tend à diminuer et qu'il est bien important d'encourager.

Lorsque les nouveaux travaux seront exécutés, il y aura à faire un nouvel examen des lieux avant d'entreprendre au-delà ; il faudra sans doute en voir l'effet pendant quelques années. Le résultat de ces observations pourrait conduire à modifier mon opinion au point de vue militaire, car qui peut assurer l'avenir avec un élément comme la mer !

Mais quelque chose qu'il arrive, je crois que dès aujourd'hui, on doit s'occuper d'examiner le plateau de roches, en avant de la pointe de Quillebeuf. Je vous remets un plan détaillé de ces roches, indiquant la direction du chenal par l'endiguement projeté.

Si ce plateau est bon à quelque chose, comme je le crois, il faut s'en occuper, avant de voir venir dessus les terres vaseuses qui viennent vite s'accumuler en dehors de l'endiguement, ce dont l'on peut s'assurer par les parties déjà endiguées.

Quels que soient d'ailleurs les projets que l'on peut faire sur d'autres points, il me semble que l'État devra conserver ce plateau de roches; j'en regarde la conservation avec d'autant plus d'intérêt, que c'est à Quillebeuf qu'il faut élever une barrière infranchissable à l'ennemi marin. Il faut donc dès à présent préparer ce plateau à recevoir une batterie, quelques magasins et ateliers. De plus, dans la construction, réserver un espace dans lequel des bâtiments avariés pourraient se maintenir et se réparer.

Remarquez que ce n'est pas l'emplacement pour un arsenal militaire que je signale, mais un point d'appui pour des bâtiments avariés Si jamais on pensait à faire un arsenal militaire, des magasins d'approvisionnements, la position qu'il faudrait choisir devrait être le plus près possible de Rouen. L'ancrage devant ce port est étendu, et les matériaux et les approvisionnements y seraient rendus à meilleur marché que sur tout autre point.

Signé : Le Saulnier de Vauhello.

LETTRE

DE LA CHAMBRE DE COMMERCE DU HAVRE

A Monsieur le Sous-Préfet de cette ville.

Havre, le 11 *octobre* 1850.

Monsieur le Sous-Préfet,

Vous avez fait à notre président l'honneur de lui écrire le 7 de ce mois, pour lui transmettre les pièces relatives aux projets d'amélioration de la navigation de la Seine, en l'invitant à vous en faire le renvoi dans le plus bref délai possible, avec notre avis.

Permettez-nous, avant de répondre à cette lettre, de vous faire connaître quelle est, dans cette affaire, la position de la Chambre de Commerce du Havre.

Informés par la publication de l'arrêté de M. le Préfet et par la communication de la Chambre de Commerce de Rouen, de l'ouverture de l'enquête et de son objet, nous avons chargé une Commission de l'étude des projets. Une première question à examiner était celle de savoir si nous devions consigner nos observations au registre de l'enquête; nous avons pensé que cela n'était pas nécessaire; que, dans une affaire d'un si haut intérêt pour le port du Havre, nous recevrions des communications directes qui, en nous mettant à portée de nous livrer à un examen complet des projets, nous fourniraient l'occasion de formuler un avis motivé sur les questions indiquées dans l'arrêté de M. le Préfet.

Le travail de notre Commission a donc dû, en attendant cette communication directe, se borner à prendre une connaissance générale de l'affaire, afin de mettre notre président, qui était appelé à faire partie de la Commission d'enquête, en état d'apprécier les considérations présentées dans le cours de l'enquête, et de se faire une idée de l'ensemble des questions. Dans cette position, notre Commission ne nous a pas fait de rapport; quelques explications verbales nous ont été données. Nous étions assurément fort loin de penser que cette communication à laquelle nous nous croyions en droit de nous attendre, nous serait faite tardivement et avec injonction de répondre à bref délai. Nous ne pouvons, M. le Sous-Préfet, vous dissimuler notre opinion que les choses ne se sont pas passées, dans cette circonstance, comme elles auraient dû se passer.

Il nous serait tout-à-fait impossible, dans l'état actuel de nos études et de celles de notre Commission, de formuler aussi promptement que le désire M. le Préfet un avis motivé sur les nombreuses questions posées par son arrêté. Si quelques-unes de ces questions peuvent être répondues en peu de mots, il en est plusieurs dont l'examen exigerait une assez longue investigation et dont la réponse entraînerait nécessairement des développements d'une certaine étendue. Nous nous trouvons donc obligés de nous borner, aujourd'hui, à vous donner l'impression générale qui est résultée pour nous des premières études de notre Commission

L'enquête porte sur deux projets :

L'un a pour objet l'exécution d'un chemin de halage sur la rive gauche, entre la Mailleraye et l'île de Belcinac ;

La construction d'une digue de rétrécissement sur la rive

droite, partant de la cale de la Mailleraye et aboutissant à 635 mètres au-dessous de Caudebecquet.

Le draguage du banc des Meules.

La dépense de ce projet est estimée à 1,500,000 fr.

Nous croyons que l'exécution de ce projet ne peut avoir que des résultats utiles et nous l'appuyons avec empressement.

Le second projet consiste à prolonger l'endiguement du chenal, de la pointe de Quillebeuf à la pointe de Tancarville, sur la rive droite ;

Et de la pointe de Quillebeuf à la pointe de La Roque, sur la rive gauche.

La dépense serait de 4,500,000 fr.

Notre adhésion à ce projet ne saurait être ni aussi complète, ni aussi empressée qu'à l'égard du premier; nous voyons qu'il aurait pour résultat très probable de fixer le chenal navigable sur la rive gauche de la Seine, et nous ne sommes pas entièrement rassurés sur les conséquences de cette direction à l'égard de notre rade. L'effet inévitable de la direction donnée au courant d'un fleuve vers un point, est de produire des atterrissements sur les points où ce courant n'exerce pas son influence, et nous ne saurions nous défendre de la crainte que ces atterrissements, formés sur la rive droite, ne prennent une grande extension et ne finissent par dépasser le méridien de notre jetée.

La profondeur d'eau dans notre rade est invariablement maintenue par le courant du flot qui la balaie à toutes les marées; cette vérité est si bien reconnue que, lorsqu'il s'est agi d'établir, au nord de la rade, une digue fractionnée, pour la défendre contre l'effet des vents de nord et nord-ouest, le Conseil général des Ponts-et-Chaussées ne s'est prêté à ce projet qu'avec une sorte d'hésitation, qu'il a craint toute interruption du courant dont il s'agit, et qu'il a décidé que cette digue ne serait faite que jusqu'à 200 mètres, à titre d'essai, et que l'on s'arrêterait si l'on apercevait quelque diminution dans la profondeur d'eau de la rade.

Si donc l'effet des travaux projetés devait être de créer, au sud de notre rade, un obstacle qui arrêterait ce courant si important à conserver, il est évident que l'existence de notre port serait compromise, et une telle crainte est bien suffisante pour nous mettre en garde contre un projet dans lequel nous apercevons la possibilité d'un pareil résultat.

Nous ne doutons pas que l'exécution du premier projet ne produise des effets d'une importance appréciable et qu'il n'en résulte, pour la navigation de Rouen, de plus grandes facilités.

Quant au deuxième projet, nous pensons que, eu égard aux chances extrêmement graves que son exécution pourrait faire naître, il serait beaucoup plus sage et plus digne d'une haute administration qui pèse tous les intérêts, de faire aujourd'hui l'économie des 4,500,000 fr. demandés et d'ajourner cette dépense à un ou deux ans. Cet intervalle de temps pourrait être très utilement employé à des reconnaissances hydrographiques des fonds de la baie de Seine, opérées avec suite et dans des circonstances diverses. Ces reconnaissances fourniraient, s'il était plus tard jugé nécessaire de revenir, soit partiellement, soit en totalité, aux moyens indiqués dans le second projet, des données de la plus grande utilité.

Nous ne pouvons nous dispenser de dire ici quelques mots de projets ultérieurs sur lesquels la Chambre de Commerce de Rouen désire que l'enquête soit portée. Sans nous prononcer en aucune manière sur ces projets, nous croyons devoir manifester notre opposition la plus formelle et la plus explicite à ce que ces projets soient, de la part de la Commission d'enquête, l'objet d'un examen quelconque; cette

Commission est instituée pour examiner des projets étudiés par les ingénieurs, mûris par des études spéciales; elle ne peut, à notre avis, sans s'écarter de sa mission, donner la moindre attention à des projets qui se présentent sans la garantie d'études faites avec soin par les hommes dont c'est le devoir spécial.

Nous devons enfin consigner ici nos réserves expresses de discuter plus tard, au point de vue des intérêts que nous sommes plus particulièrement chargés de défendre, les résolutions qui pourront être adoptées par suite de l'enquête actuelle.

Les Membres de la Chambre de Commerce,

Le Maistre, *maire;*
Hermé, *vice-président;*
N. Bois,
A. Bertin,
Eug. Lecoq.
Merville,
Alfred Quesnel,
Th. Lamotte.

LETTRE

DE LA CHAMBRE DE COMMERCE

DE ROUEN

A Monsieur le Préfet de la Seine Inférieure

Rouen, 31 *Octobre* 1850

Monsieur le Préfet,

La Chambre de Commerce de Rouen, dont les sympathies sont bien connues pour l'amélioration de la Seine maritime, n'a pas cru devoir déposer ses observations aux enquêtes ouvertes à Rouen et à Évreux sur les derniers projets d'endiguement proposés par MM. les Ingénieurs, afin de ne pas influencer l'instruction de cette affaire.

Mais aujourd'hui que les commissions d'enquête ont terminé leurs travaux, nous croyons de notre devoir, Monsieur le Préfet, de vous transmettre, ainsi que vous nous y avez invités par votre lettre du 4 de ce mois, et conformément à l'ordonnance du 18 février 1834, notre avis sur ces projets.

Nous nous abstiendrons de formuler une réponse spéciale sur chacune des 24 questions posées par M. le Ministre; nous nous bornerons à dire que nous adhérons complètement aux réponses libellées par la commission nautique, et reproduites, appuyées de nouveaux arguments, par les commissions d'enquête; lesquelles réponses sont toutes favorables aux projets proposés, tant sous le rapport de l'art que sous le point de vue de l'intérêt général.

Nous ajouterons, toutefois, quelques considérations nouvelles sur les questions posées sous les n°s 5, 7, 11, 12, 13, 14, 20, 21 et 22.

Les réponses faites sur la 5e question sont unanimes pour affirmer que les travaux de Villequier n'ont causé aucun abaissement sensible dans les eaux de la Seine. S'il est vrai qu'à une certaine époque des étés de 1849 et 1850, les eaux ont été extrêmement basses dans le port de Rouen, on ne doit pas exclusivement attribuer à l'endiguement de la Seine cet abaissement qui provenait bien plutôt de l'état de la Seine supérieure où, à ces mêmes époques, les eaux étaient au plus bas. La preuve que le port de Rouen suit toujours l'influence de la Haute-Seine, c'est qu'aussitôt qu'il y a un peu de crue en haut, elle se fait sentir à Rouen où les eaux s'élèvent immédiatement en proportion. Si l'abaissement qu'on a remarqué pendant quelques jours à Rouen était dû aux travaux de Villequier, cet état de choses se maintiendrait ; mais il en est tout autrement, car pendant 9 à 10 mois de l'année, les eaux restent à une bonne hauteur, et, en février 1850, les eaux sont montées sur les quais de Rouen plus haut qu'elles ne l'avaient fait depuis plusieurs années. Si l'approfondissement du chenal de Villequier devait causer un appauvrissement réel dans les eaux de Rouen, il procurerait aux eaux de la Seine un écoulement tel, qu'il ne devrait jamais y avoir d'inondations dans les abords de Rouen, et que les eaux s'y maintiendraient toujours à un étiage très bas. Ceci n'ayant pas lieu, on doit être sans aucune espèce d'inquiétude pour la hauteur normale des eaux dans notre port, où, d'ailleurs, la marée montante vient pendant plusieurs heures, chaque jour, combler le faible déficit qui pourrait se faire sentir à certaine époque de l'année, pendant quelques instants de la marée descendante.

En ce qui touche la 7e question concernant les modifications que l'endiguement déjà exécuté a amenées dans le prix du fret, voici ce que nous avons à dire :

D'après les statistiques publiées par l'administration des douanes, le mouvement du port de Rouen a présenté les résultats suivants pour les années 1846 et 1847, que nous prenons comme termes de comparaison.

NAVIRES FRANÇAIS ET ÉTRANGERS

Montés à Rouen, et MARCHANDISES entrées à Rouen ou sorties de ce port par la navigation, en 1846 *et* 1847.

(Quantités exprimées en tonneaux de 1000 kilogr.)

	NOMBRE de navires montés à Rouen.	TONNEAUX DE MARCHANDISES avec l'Étranger.		TONNEAUX DE MARCHANDISES de cabotage avec la France.		TOTAL des entrées et sorties (Tonneaux).
		Entrée.	Sortie.	Entrée.	Sortie.	
En 1846. . . .	5,449	176,266	19,842	419,444	114,575	730,127
En 1847. . . .	4,301	156,423	16,423	422,129	113,645	708,620
Total des deux années.	9,750	332,689	36,265	841,573	228,220	1,438,747
Moyenne d'une année.	4,875	166,344	18,132	420,786	114,110	719,373

D'après cette statistique *officielle*, on voit que, dans les années ordinaires, il monte à Rouen environ 4,800 navires qui donnent lieu au paiement d'un fret sur 700,000 tonneaux de marchandises à l'entrée ou à la sortie, lesquelles représentent une valeur d'environ 280.000,000 de francs.

Or, ainsi que le déclare le syndicat des courtiers de Rouen dans son mémoire déposé à l'enquête, et ainsi que chaque négociant peut le reconnaître, les travaux déjà exécutés entre Villequier et Quillebeuf ont fait diminuer de 5 fr. pour les provenauces de la Méditerranée, et de 2 fr 50 c. pour les autres provenances, la différence entre le fret de la mer au Havre et celui de la mer à Rouen. Appliquant ces diminutions, qu'on peut fixer en moyenne à 3 fr., aux 700,000 tonneaux qui forment l'importance du trafic maritime annuel par l'intermédiaire de Rouen, on trouve que l'endiguement de la Seine maritime procure déjà au commerce, à l'industrie et à tous les consommateurs du centre de la France, une économie de plus de 2 millions de francs par an sur le fret. Que cet endiguement soit complètement achevé, et on verra bientôt cette économie s'augmenter encore, car il viendra un jour où le prix du fret pour Rouen sur les marchandises venant de la mer, ne dépassera que de 1 ou 2 fr. du tonneau, au plus, celui du même fret pour le Havre. Ainsi les marchandises venant directement à Rouen supporteront un fret d'environ 2 fr. du tonneau pour le trajet de l'embouchure de la Seine à Rouen, tandis que celles transitant par le Havre auront à supporter une dépense de 7 à 8 fr. du tonneau pour frais de transit et transport par chemin de fer, ce qui donne une économie de 5 fr. du tonneau en faveur de l'endiguement de la Seine.

Les assurances seront aussi l'objet de nouvelles économies ; car la prime pour le parcours de la Seine, qui anciennement était de 1/2 pour 100, et qui, depuis quelques années, était tombée à 1/4 pour 100, n'est plus maintenant qu'à 1/8, et tout porte à croire que bientôt cette modique prime sera totalement supprimée, lorsque ces risques sont la suite d'un voyage d'une certaine durée.

Déjà il existe des assurances faites pour Rouen à la même prime que pour le Havre.

De plus, les assurances mutuelles anglaises qui refusaient toute assurance sur des navires calant 11 pieds anglais, destinés pour la Seine, ont, depuis l'endiguement, levé cette interdiction. Au mois de janvier dernier, elles ont porté à 12 pieds le maximum de tirant d'eau, et, par une décision récente, les navires de 13 pieds sont aujourd'hui autorisés à naviguer en Seine.

Il est évident pour tous ceux qui s'occupent du commerce maritime, que ces nouveaux avantages, procurés par l'amélioration de la Seine, seront d'un puissant secours pour aider le cabotage à soutenir la rude concurrence que vont bientôt lui faire toutes les grandes lignes ferrées aboutissant aux ports de la Méditerranée et de l'Océan.

L'apparition des chemins de fer est venue, il y a quelques années, par une concurrence nouvelle et puissante, stimuler l'activité et l'intelligence des anciens transporteurs par terre et par eau ; de grands efforts ont été faits par ces derniers, au secours desquels le Gouvernement lui-même est venu, en améliorant sur certains points les voies de terre ou de rivière. Il en est résulté que le prix des transports a diminué partout ; chacun s'est ingénié pour trouver des moyens économiques d'exercer son industrie, et la batellerie de la Seine, par exemple, qui, dans les basses-eaux d'été, faisait payer quelquefois 20 à 25 fr. du tonneau le fret de Rouen à Paris, a navigué cette année sans dépasser les prix de 8 à 10 fr. Il est vrai qu'à ces prix les bénéfices sont minimes, mais enfin il paraît que les mariniers peuvent encore vivre en attendant que de nouveaux perfectionnements viennent améliorer leur industrie.

Ce que les chemins de fer, aidés de la puissante protection de l'État, ont fait à l'égard de la batellerie en faveur du public, il faut aujourd'hui que la navigation soit à son tour mise à même de le faire à l'égard des lignes ferrées. Il faut que la concurrence de la marine pousse les chemins de fer à perfectionner encore cette nouvelle voie de communication. Le dernier mot de la science n'a pas encore été dit, et la concurrence seule peut, en cette circonstance, forcer le génie de l'homme à parler.

C'est au Gouvernement qu'il appartient de maintenir entre ces diverses industries un juste équilibre dont les résultats doivent revertir au profit du pays tout entier.

Ces vérités sont si incontestables, que les Chambres de Commerce des principaux ports de France, même de ceux qui ont ou qui vont avoir des chemins de fer, sont venues déposer à l'enquête en faveur de l'endiguement de la Seine maritime.

C'est ainsi que les chambres d'Alger, Avignon, Bordeaux, Boulogne, Cherbourg, Honfleur, La Rochelle, Marseille, Morlaix, Nantes, Paris, Pont-Audemer, Saint-Malo, Toulon, déclarent dans leurs mémoires qu'ils considèrent l'endiguement de la Seine comme une œuvre d'intérêt national de premier ordre, parce qu'il tend à soutenir la marine et à maintenir le prix des transports à un taux modéré.

Le Havre seul proteste contre l'exécution de ces travaux, et s'oppose à tout endiguement en aval de Quillebeuf, à cause des craintes qu'il a de voir son port ensablé par ces endiguements. Nous allons plus loin examiner cette question.

Quant aux chemins de fer de nos contrées, celui du Hâvre se plaint, dans le dernier rapport de son Conseil d'Administration, de ce que l'État *encourage* et *commandite* la navigation de la Seine en fournissant des fonds pour améliorer ce fleuve; il se dispose à demander des indemnités au Gouvernement, en raison de ce qu'il entretient par là une concurrence préjudiciable aux intérêts de cette voie ferrée, voulant ainsi oublier que lui-même a été *commandité* à son origine par de fortes subventions de l'État, et qu'alors, la marine qui avait cependant des droits acquis, n'a élevé aucune plainte, parce qu'elle reconnaissait que l'intérêt général devait passer avant tout.

Cette compagnie, nous le pensons, se fait illusion sur la nature des concurrences contre lesquelles elle va bientôt avoir à lutter. Ce n'est point la Seine, pût-elle porter même des navires calant 6 mètres, qui lui enlevera tout ou partie de son trafic, mais bien les grandes lignes ferrées qui, dans peu, vont aboutir à tous les grands ports de l'Océan et de la Méditerranée; ce sont ces voies nouvelles de transport qui enleveront non-seulement au Havre et à son chemin de fer, mais même à Rouen, une grande partie des marchandises de cabotage. Il n'y aura que de notables diminutions dans les prix du fret, par mer, qui pourront permettre à quelques marchandises d'user encore du cabotage pour arriver à Paris. Chacun peut apprécier qu'avec les prix actuels de transport, soit par Rouen directement, soit par le Havre et son chemin de fer, la plupart des marchandises donneront la préférence aux chemins de fer de Bordeaux, de Nantes, de Marseille, quand ils seront en activité, pour pénétrer au centre de la France. Le Havre peut donc dire que les marchandises de cabotage sont désormais perdues pour lui, sans que cela puisse être aucunement le fait de la Seine. Il en serait de même du port de Rouen, si, en améliorant la Seine, on ne mettait pas le cabotage à même de compter presque pour rien dans le prix de son fret, le trajet de la mer à Rouen ; l'économie qui devra résulter de cette amélioration permettra seule aux caboteurs arrivant en droite ligne jusqu'à Rouen, de résister, pour certaines marchandises, aux chemins de fer de Nantes, de Bordeaux et de Marseille.

Qu'on n'améliore pas la Seine, et le port de Rouen sera anéanti, sans, pour cela, profiter aucunement au chemin de fer du Havre. Ce chemin, dans tout état de cause, doit nécessairement perdre dans un temps plus ou moins rapproché toutes les marchandises de cabotage, dont le transport vers Paris, par cette voie, sera toujours beaucoup trop coûteux, pour obtenir la préférence sur les lignes ferrées des autres ports, qui n'auront pas à subir, comme le Havre, les inconvénients d'une traversée plus ou moins longue par mer.

Mieux renseigné sur la véritable position des choses, le chemin de fer du Havre cessera, nous n'en doutons pas, de faire opposition à l'endiguement de la Seine maritime, car les conséquences de ces travaux n'auront aucune influence sur ses transports qui, quoi qu'il arrive, ne peuvent plus désormais avoir d'autre aliment que les produits transatlantiques.

Le chemin de fer de Rouen à Paris, dont les intérêts ont peut-être été, jusqu'à ce jour, au détriment de ses actionnaires, trop étroitement liés à ceux du chemin du Havre, reconnaît aujourd'hui que l'endiguement de la Seine maritime, destiné à conserver au port de Rouen une partie de sa navigation, loin de lui être nuisible, devra, au contraire, lui être profitable. En effet, quel sera le résultat de l'endiguement de la Seine maritime, si ce n'est de conserver au port de Rouen une partie des 700,000 tonneaux qui forment aujourd'hui l'importance de son trafic, tant à l'entrée qu'à la sortie ? Or, si ce trafic était complètement enlevé au port de Rouen, notre chemin de fer y perdrait la part légitime qu'il en a eue jusqu'à ce jour, et qu'il a la juste prétention de conserver à l'avenir, tant à la montée qu'à la descente. Le chemin de Rouen voit bien qu'il ne doit plus compter sur le chemin du Havre pour lui procurer des marchandises du cabotage, qu'il ne peut plus espérer désormais tenir que de la navigation maritime. Aussi, se détachant aujourd'hui, sous ce point de vue, de son quasi associé du Havre, le chemin de Rouen fait maintenant des vœux pour la prospérité des intérêts maritimes de notre port. C'est dans ce but que notre chemin de fer se dispose à poser bientôt des rails sur les quais de Saint-Sever, afin d'établir, avec son débarcadère, la communication qui lui a été imposée par son cahier des charges, communication qui, d'ailleurs, doit lui profiter, puisqu'elle tend à économiser le prix des transports de marchandises par la voie ferrée.

En ce qui touche les questions 11, 12, 13 et 14, nous sommes d'avis que si on ne veut pas perdre le fruit des travaux déjà exécutés avec tant de succès en amont de Quillebeuf, il est indispensable de pousser dans un très bref délai les digues, d'un côté jusqu'à La Roque, et de l'autre côté jusqu'à Tancarville.

Quant à l'ordre de priorité dans l'exécution de ces deux digues, nous pensons qu'elles devraient être exécutées simultanément, afin de se prêter un mutuel secours pour imposer aux courants la direction qu'on voudra leur donner.

Nous estimons qu'une largeur de chenal de 5 à 600 mèt. devant Tancarville devrait suffire ; mais sur ce chef, comme sur celui de l'ordre de priorité d'exécution des digues, nous pensons qu'il faut s'en rapporter à la prudence ordinaire des habiles ingénieurs chargés de ce travail, qui, eux-mêmes, devront subir l'influence des phénomènes qui ne manqueront pas de se produire au fur et à mesure de l'avancement des travaux : une grande latitude doit donc leur être donnée à ce sujet.

Les nos 20, 21 et 22 soulèvent une question de la plus haute importance : l'influence des endiguements sur la baie de Seine et sur les ports de l'embouchure. D'après le résultat des enquêtes qui viennent d'avoir lieu, on voit que les uns, et c'est le plus grand nombre, pensent que cette influence sera très favorable aux ports de Pont-Audemer et d'Honfleur, sans nuire aucunement au port du Havre, et que d'autres, au contraire, mais en petit nombre, ont quelques craintes de voir les endiguements de la Seine ensabler le port du Havre.

Constatons d'abord un fait qui est aujourd'hui de l'histoire.

Lorsqu'il s'est agi d'améliorer la rivière de Glasgow, en Ecosse, le port de Greenock, situé à l'embouchure de la Clyde, comme le Havre à l'embouchure de la Seine, s'opposa vivement à toute amélioration de cette rivière, en prétendant, comme le Havre le prétend aujourd'hui, que les travaux projetés auraient pour résultat de perdre le port de Greenock, en ensablant ses abords. Greenock obtint alors qu'on introduisit dans le bill du Parlement qui autorisait les travaux, une clause d'après laquelle la ville de Glasgow serait tenue de faire enlever à ses frais tous les ensablements qui auraient pu venir se déposer aux abords de Greenock, après l'endiguement de la Clyde.

Les travaux furent exécutés ; aucune perturbation ne fut amenée dans le régime des eaux de l'embouchure de la Clyde ; et Glasgow n'eut aucun ensablement à enlever du port de Greenock.

Glasgow reçut des navires de 800 tonneaux dans son port ; un chemin de fer fut depuis élevé le long de la Clyde pour communiquer de Greenock à Glasgow, et ces intérêts divers qui semblaient opposés les uns aux autres continuent à vivre avec une égale prospérité.

Pourquoi donc en serait-il autrement aujourd'hui dans la Seine maritime ?

Il n'y aura pas plus d'ensablement dans la Seine qu'il n y en a eu dans la Clyde, et au milieu de la perturbation et des déplacements que doit nécessairement amener dans les affaires l'action des grandes lignes ferrées qui vont sillonner la France dans tous les sens, un partage naturel et équitable se fera entre les deux ports de Rouen et du Havre.

Au Havre et à son chemin de fer, la grande navigation transatlantique, et à la Seine maritime pour le port de Rouen, tout le petit et le grand cabotage. Il y aura du travail pour tout le monde.

La Clyde n'est pas le seul exemple que nous puissions citer pour dissiper les craintes d'ensablement à l'embouchure de la Seine. Presque toutes les rivières du Royaume-Uni ont éprouvé les bienfaisants effets de l'endiguement : la Saverne, le Welland, le Witham, la Nene et bien d'autres encore, ont été endiguées, et leurs ports, au grand avantage de toute l'Angleterre, reçoivent aujourd'hui des navires d'un bien plus fort tonnage qu'auparavant, sans avoir occasionné aucun ensablement à leur embouchure.

La Hollande et la Belgique présentent aussi de nombreux exemples d'endiguement qui ont été exécutés avec succès à l'embouchure des rivières, sans avoir occasionné aucuns ensablements nuisibles à la navigation.

Les personnes qui témoignent la crainte de voir l'endiguement de la Seine ensabler les abord du Havre, n'ont, jusqu'à ce jour, justifié leurs appréhensions par aucuns faits du même genre accomplis dans d'autres rivières ; elles ne les justifient pas davantage par des calculs et des raisonnements;

elles disent seulement : « Nous craignons l'ensablement, « parce que nous le craignons. »

La Chambre de Commerce de Rouen, tout en poursuivant avec ardeur l'amélioration de la Seine maritime, ne méconnait pas l'importance du port du Havre qu'il serait contraire à l'intérêt général de compromettre par des travaux quelconques. Aussi, elle n'a jamais reculé devant l'examen de la question de l'ensablement des ports de l'embouchure ; et si, dès l'origine, elle a parlé de l'endiguement de la Seine *jusqu'à la mer ;* si, devant cette dernière enquête, elle a encore reproduit ses idées à ce sujet, c'est afin de provoquer à l'avance l'étude des phénomènes qui pourront se produire dans la baie de Seine, à la suite de l'endiguement de ce fleuve, afin de rassurer les esprits timorés et de voir enfin faire justice d'une opposition si peu fondée. C'est dans ces mêmes vues que nous allons tenter l'exposé de quelques considérations, afin de joindre nos efforts à ceux des hommes de science qui auront à élucider cette grave question.

Il est bon de constater ici qu'il ne s'agit d'aucuns travaux en aval de La Roque ; que l'enquête n'a eu à examiner et n'a en effet examiné que l'endiguement prolongé jusqu'à La Roque et Tancarville, et que, jusqu'à ce jour, le port du Havre et ses ingénieurs ont reconnu que les travaux, s'arrêtant à ces deux points, ne pouvaient avoir aucune influence défavorable sur la baie, non plus que sur le port même du Havre.

Mais aujourd'hui, revenant sur ces premières impressions, on émet des craintes d'ensablement devant résulter des seuls travaux en amont de La Roque soumis à l'enquête, et la Chambre du Havre s'oppose à tout endiguement en aval de Quillebeuf, ou du moins elle demande l'ajournement à deux ans, afin qu'on ait le temps de se livrer à de nouvelles études sur le régime des eaux de la baie.

Il est généralement reconnu que *les eaux provenant de la Haute-Seine* charient peu ou point de détritus à la mer; le port du Havre n'a donc rien à redouter, quant à son ensablement, des eaux de la Seine proprement dite. Quand même ces eaux fluviales conduiraient chaque jour quelques détritus à la mer, cet état de choses, quel qu'il soit, ne peut être modifié, puisqu'il est dans la nature, et la rade sera de toute éternité obligée de les recevoir.

Il faut, toutefois, reconnaître une vérité; c'est que la masse de ces *détritus de la Haute-Seine*, s'il en existe, sera toujours la même, ni plus ni moins forte, qu'elle tombe dans la mer par une baie ayant 8 à 10,000 mètres de largeur, comme aujourd'hui, ou par un chenal endigué beaucoup plus étroit.

Quant aux eaux de la *Basse-Seine*, depuis la Mailleraye jusqu'à Honfleur, qui occupent une surface de 18,000 hectares environ, ou 180,000,000 de mètres carrés, les effets sont différents.

Chacun sait que, soit par les apports de la mer, soit par la corrosion des rives, depuis La Mailleraye jusqu'à Honfleur, des quantités considérables de détritus sont, à toutes les marées, tenues en suspension dans les eaux de cette partie de la Seine. (1) On sait aussi que ces détritus forment des sables voyageurs montant et descendant incessamment la Seine, et qui, se déposant tantôt d'un côté, tantôt d'un autre, forment les bancs changeants, tant redoutés des navigateurs.

(1) La masse d'eau contenue de pleine mer dans le lit actuel de la Basse-Seine, depuis La Mailleraye jusqu'à la mer, pouvant être évaluée à plus d'un milliard de mètres cubes, les sables voyageurs, ainsi tenus en suspension à chaque marée, doivent présenter un volume de plusieurs centaines de mille mètres cubes, en calculant sur l'évaluation de M. Arago, qui estime à la deux millième partie les detritus contenus dans les eaux les plus troubles de la Seine.

On peut donc dire que *la Haute-Seine* n'est pour rien dans les ensablements de son embouchure ; que, *si les érosions des rives de la Basse-Seine* et les apports de la mer mettent chaque jour des masses énormes de matières en suspension dans les eaux, tout cela ne constitue qu'un espèce d'échange entre la marée montante et la marée descendante ; ce sont toujours les mêmes détritus qui montent et descendent, sans augmentation dans leur importance. La vérité de cette assertion se justifie par la seule inspection des lieux et la comparaison de ce qu'ils sont aujourd'hui avec ce qu'ils étaient dans les temps passés. Or, il est notoire que les fonds de la baie, entre le Havre et La Roque, loin d'être plus élevés qu'ils ne l'étaient autrefois, présentent au contraire, en général, de plus grandes profondeurs en certains endroits, ce qui prouve que les sables de la mer ne viennent pas s'amonceler dans la baie, à la décharge de la rade.

Il existe, toutefois, au Havre, un préjugé qui se trouve complètement détruit par ce qui précède : c'est que les sables qui viennent de la mer, à la marée montante, soit du Calvados, soit de la Hève, trouveraient dans la baie de Seine, (dont la contenance, depuis Honfleur jusqu'à La Mailleraye, est de 18,000 hectares,) un réceptacle sans fond, destiné à recevoir à perpétuité tous les sables de la mer qui, sans cela, viendraient combler le port du Havre ; delà la conclusion qu'il faut bien se garder d'endiguer la Seine, parce que la contenance du réceptacle de 18,000 hectares en serait considérablement réduite.

Ce raisonnement tombe devant l'évidence des faits, à savoir que si la baie de Seine reçoit des sables de la mer à la marée montante, elle n'en garde rien et les renvoie à la marée descendante, augmentés encore d'une partie des vases provenant de l'érosion des rives, aujourd'hui si complètement abandonnées sans défense.

Nous conviendrons volontiers que les vases ainsi enlevées aux rives de la Basse-Seine peuvent, dans leur passage devant le Havre, avec le flux et le reflux, contribuer pour quelque chose à l'envasement de l'avant-port du Havre, qui se remblaie de 20 à 30 centimètres par an ; mais si l'endiguement de la Seine avait quelque influence à exercer, sous ce rapport, sur le Havre, il ne pourrait être que très favorable ; car si une baie de 18,000 hectares, remplie de bancs changeants et dont toutes les rives sont exposées à l'action corrosive des marées, charrie nécessairement une quantité immense de vases ou de sables, il est évident que si cette baie était transformée en un chenal de 3,000 hectares seulement, ayant toutes ses berges solidement défendues par des enrochements et son fond parfaitement creusé et dégagé de toute espèce de bancs changeants, il est évident, disons-nous, qu'elle ne charrierait plus aucunes matières de son propre cru.

Ce chenal, il est vrai, continuera à recevoir les sables que pourra lui envoyer la mer; mais ce que le flux aura ainsi apporté, la chasse du reflux le remportera comme cela a toujours eu lieu depuis des siècles, avec d'autant plus de force et d'autant plus loin que le chenal sera plus étroit.

D'après des profils récemment levés par les ingénieurs de la Seine, il a été constaté que les vases et sables logés derrière les digues, depuis Villequier jusqu'à Quillebeuf, pour n'en plus sortir, s'élevent déjà à 26,000,000 de mètres cubes, dont 8,000,000 ont été, par le fait du creusement, enlevés du chenal endigué. Voici donc une masse énorme de détritus provenant des environs, en amont ou en aval de Quillebeuf, qui pour leur part, ne contribueront plus à l'envasement du port du Havre, non plus qu'à la formation des bancs au milieu du chenal. Il est dès-lors incontestable que si on endiguait ainsi toute la baie jusqu'à la mer, on aurait emprisonné et mis hors d'état de nuire cette mine inépuisable de débris sous-marins qui causent l'inquiétude du Havre et font l'effroi des navigateurs en Seine.

Il paraît constant que la rade du Havre contient, comme la baie de Seine, une certaine quantité de sables et vases voyageurs qui, mis plus ou moins en mouvement par les vents et les marées, modifient souvent les hauts-fonds de la rade, et viennent effectuer, dans le port du Havre, les dépôts que nous avons déjà signalés; mais nous ne voyons pas véritablement en quoi l'endiguement, entre Quillebeuf et La Roque, peut apporter une modification quelconque à cet état de choses qui a existé et qui existera toujours quoiqu'on fasse.

Le Havre prétend que pour ne pas compromettre son port, il faut bien se garder de réunir, en aval de La Roque, les eaux en un seul chenal, et surtout, de porter ce chenal du côté d'Honfleur; il faut, pour préserver le Havre de tout ensablement, laisser les eaux de la Seine divaguer capricieusement, comme par le passé, à droite et à gauche, au milieu des bancs qui garnissent la baie sur une largeur de 8 à 10,000 mètres.

Pour justifier ce système, on dit que, dans l'état actuel des choses, les courants de flot, en entrant en tous sens et sans aucune direction régulière dans la vaste embouchure actuelle de la Seine ou en sortant, tendent à nettoyer et balayer les abords du Havre, tandis que si on réunissait tous ces divers courants en un seul chenal régulier, sur la rive gauche, ces résultats cesseraient d'être obtenus.

Nous méconnaissons que le chenal porté vers Honfleur puisse arrêter l'action du courant de flot sur les abords du Havre; nous prétendons au contraire que si le chenal se dirigeait d'une manière invariable, avec ou sans endiguement, d'Honfleur sur le Havre, l'action du courant ne pourrait qu'être bienfaisante pour les abords de ce port. Il suffit de voir sur la carte la direction qu'aurait ce chenal, pour apprécier que son action, comme écluse de chasse, serait très salutaire au Hâvre, en balayant son entrée comme elle aurait déjà balayé celle d'Honfleur. Mais l'objection de la Chambre du Havre, comme notre refutation, est ici sans objet puisque les digues projetées s'arrêtant à La Roque, elles n'auront certainement aucune influence sur la rade.

Rouen est à peu-près désintéressé dans la direction, rive droite ou rive gauche, qu'on donnera au chenal, en aval de La Roque, parce qu'on sait que partout on trouvera une grande profondeur d'eau dans la baie. Mais nous sommes convaincus que pour donner sûreté et célérité à la navigation, il faut réunir toutes les eaux de la baie dans un seul chenal.

Si nous donnons la préférence au chenal sur la rive gauche, c'est que la navigation y a toujours été meilleure, parce que les navires y sont mieux à l'abri des vents d'ouest et sud-ouest qui règnent le plus souvent avec violence dans ces parages. D'un autre côté, le chenal sur la rive gauche améliore les ports de Pont-Audemer et d'Honfleur, tandis que s'il était porté sur la rive droite, ces deux ports seraient complètement perdus.

Quant au port du Havre, nous ne devons pas oublier, et nous le répétons encore, qu'il ne s'agit que d'un endiguement ne devant pas dépasser La Roque et Tancarville et que dès-lors rien ne sera changé dans le régime actuel de la baie.

Il est vrai que, d'après la direction des digues projetées, les courants semblent devoir se porter vers la rive gauche pour y établir le chenal principal de navigation. Mais quand ces travaux produiraient ce résultat, ce ne serait rien de nouveau pour le port du Havre; car il est de notoriété publique

que pendant très longtemps le chenal a été porté vers Honfleur. La Commission nautique et les commissions d'enquête ont constaté ce fait dans les interrogatoires auxquels elles se sont livrées sur les lieux. *Le Pilote français*, ouvrage publié en 1842 par ordre du ministre de la marine, constate également, page 103, (Baie de la Seine), que *le chenal a eu cette direction pendant longtemps.*

Or, lorsque le chenal passait ainsi du côté d'Honfleur, le régime des eaux du port du Havre n'éprouvait aucune perturbation; pourquoi donc en éprouverait-il aujourd'hui, si on forçait les eaux à reprendre cette ancienne direction.

En résumé, l'endiguement de la Seine, fût-il même prolongé d'une manière insubmersible jusqu'au Havre, ce qui, du reste, ne paraît pas devoir s'opérer d'ici à longtemps, ne pourra aucunement augmenter la masse des détritus amenés par la marée montante, du Calvados ou de la Hève, et il retirera, au contraire, de la circulation, les quelques centaines de mille mètres cubes de vase qui descendent chaque jour de la Basse-Seine dans la rade pour y revenir le lendemain, et qui contribuent pour leur bonne part à l'envasement du Havre. Cet endiguement non-seulement n'augmentera donc pas les éléments qui tendent à envaser ce port, mais, au contraire, il les diminuera d'une manière notable.

La Chambre de Commerce du Havre est composée d'hommes d'une trop haute portée pour penser qu'elle puisse persister dans son opposition aux endiguements entre Quillebeuf, La Roque et Tancarville; car cette opposition ne se justifie par rien de solide, et le pays pourrait bien lui attribuer un tout autre motif qu'une vaine crainte d'ensablement que personne ne redoute sérieusement.

En terminant ce mémoire, Monsieur le Préfet, nous

dirons, avec l'autorité de la Commission nautique et des Commissions d'enquête, que, sous le rapport de l'art et des besoins de la navigation, les deux projets d'endiguement présentés par les ingénieurs de la Seine sont à l'abri de toute critique, et doivent être exécutés avec une entière confiance dans le succès.

Quant à la question d'intérêt général qui se rattache à l'endiguement de la Seine maritime, l'Assemblée nationale elle-même l'a reconnue d'une manière solennelle à deux reprises différentes, par l'organe de ses commissions des deux budgets de 1850 et de 1851, qui ont déclaré « qu'il fallait « presser avec activité l'achèvement des travaux de la « Basse-Seine, dont l'importance est aujourd'hui incon- « testée. »

Si cette autorité ne suffisait pas, Monsieur le Préfet, nous vous rappellerions que 14 Chambres de Commerce des principaux ports de France sont venues déclarer à l'enquête qu'elles attachaient la plus grande importance, dans l'intérêt général du pays, à l'exécution des digues projetées. (1)

Nous savons que malheureusement la question financière peut aujourd'hui paralyser les meilleures intentions du Gouvernement pour l'exécution des grands travaux; mais, sous ce rapport, l'endiguement de la Seine se trouve encore dans une position tout-à-fait exceptionnelle. S'il faut aujourd'hui 6,000,000 pour compléter l'endiguement depuis La Mailleraye jusqu'à La Roque et Tancarville, cette partie de la Seine présente de son côté, en compensation, 5,000 hectares de terrain d'une valeur d'au moins 20,000,000 de francs

(1) Depuis la clôture des opérations de l'enquête, deux autres chambres, celles de Caen et de Saint-Brieuc, ont adressé leurs rapports approbatifs, ce qui porte à dix-sept, y compris celle de Rouen, le nombre des Chambres qui appuient l'endiguement proposé.

qui, d'ici à quelques années, peuvent être rendus à l'agriculture et produire des impôts et des droits de mutation considérables, en sus de la part que l'État aura à prendre dans ces terrains conquis. Déjà plusieurs centaines d'hectares sont arrivés presqu'à maturité.

De plus, si le Trésor public a aujourd'hui une forte somme à sortir pour cet endiguement, les contribuables en seront bientôt remboursés, puisque ces travaux procurent déjà une économie, sur le fret des marchandises montant la Seine, de plus de 2 millions par an, qui revertissent au profit du pays tout entier, et que d'ailleurs la vente des terrains restituera bientôt dans les coffres de l'État beaucoup plus que les sommes déboursées, qui n'auront été ainsi qu'une avance.

Vous n'ignorez pas, Monsieur le Préfet, qu'il y a péril à laisser inachevée la digue rive droite, arrêtée aujourd'hui devant Quillebeuf où l'action des vents et des marées pourrait la renverser, si elle n'est pas très prochainement reliée à la pointe de Tancarville.

Ces diverses considérations nous portent, Monsieur le Préfet, à vous prier de solliciter avec les plus vives instances M. le Ministre des travaux publics de vouloir bien présenter dans un très bref délai, à l'Assemblée législative, un projet de décret ouvrant un crédit de 6,000,000 pour achever l'endiguement de la Seine maritime, depuis La Mailleraye jusqu'à La Roque et Tancarville.

M. le Ministre reconnaîtra, sans doute, nous osons l'espérer, qu'il n'y a pas lieu de prendre en considération la demande d'ajournement posée par la Chambre de Commerce du Havre. La question d'endiguement de la Seine maritime a été étudiée dans toutes ses parties, depuis bientôt 20 ans, par plusieurs ingénieurs distingués, et le renvoi à de nouvelles études serait aujourd'hui une fin de non recevoir par laquelle le Gouvernement ne voudra pas répondre aux pressantes instances de tant de Chambres de Commerce qui parlent au nom des intérêts maritimes de toute la France.

Les membres de la Chambre de Commerce.

Amand Le Mire, *président.*
Ch. Martin, *vice-président.*
Rolet, *secrétaire.*

P.-M. Fontaine.
Esclavy,
J. Levavasseur.
Aug. Noury fils.
Henri Barbet.
P.-A. Thevenin.
P. Dieusy fils.
Ed. Matenas.
Legras.
Ed. Rondeaux-Pouchet
Delafosse aîné.
Keittinger-Turgis.

PROCÈS-VERBAL

De la conférence ouverte entre les Ingénieurs en chef

DE LA

SEINE-INFÉRIEURE, DU PORT DU HAVRE ET DU CALVADOS,

SUR

Les projets d'amélioration de la Basse-Seine.

Conformément à la décision de M. le Ministre des Travaux publics du 8 octobre dernier, les ingénieurs en chef soussignés se sont réunis en commission, au Havre, le 15 novembre 1850, à l'effet de conférer sur les projets d'amélioration de la Basse-Seine, entre Quillebeuf et la pointe de La Roque.

Ils ont pris connaissance des projets, du résultat des enquêtes, et ont appelé devant eux des pilotes du Havre et de Quillebeuf, et des capitaines qui font la navigation de la Basse-Seine.

L'amélioration de la navigation de la Seine par le prolongement des digues, leur a paru assurée, et ils ne pensent pas qu'il puisse y avoir de doute à cet égard; mais un des membres a exprimé la crainte que si le chenal doit demeurer indéfiniment fixé sur la rive gauche, ainsi qu'on se le propose par l'exécution du projet, les bancs ne prennent un accroissement considérable le long de la rive du nord, et que cet accroissement ne s'étende jusque dans les bancs du sud du port du Havre, par suite ne devienne très gênant pour la navigation, et que de plus il n'ait pour résultat de diminuer la force des courants traversiers, indispensables pour maintenir la profondeur de la petite rade et celle de l'entrée du port.

En conséquence, le même membre voyant dans le prolongement de la digue de gauche, depuis Tancarville jusqu'à La Roque, une cause de maintien du chenal sur la rive *sud*, demande que la digue de gauche soit arrêtée à la hauteur du nais de Tancarville, et que le chenal débouche librement en ce point, et fait observer que, dans le cas où l'on craindrait que les courants de flot, venant à s'introduire entre la digue ainsi arrêtée et le marais Vernier, ne présentassent des inconvénients graves, il serait toujours facile d'y remédier par l'exhaussement de la digue qu'on porterait, s'il était nécessaire, jusqu'au niveau des hautes-mers de vive-eau.

Les autres membres, sans partager la même crainte, et encore bien qu'il paraisse demontré que le chenal fixé vers la rive gauche y est dans de meilleures conditions de navigabilité que du côté de la rive droite, et qu'il y soit resté déjà pendant des périodes de sept à huit ans sans qu'on ait remarqué aucune circonstance fâcheuse, correspondante dans les parages du port du Havre, ont pensé qu'en présence des immenses intérêts qui étaient engagés dans la question, on ne devait rien donner au basard, et qu'il convenait d'arrêter, comme on l'avait demandé, la construction de la digue de la rive gauche à la hauteur du nais de Tancarville, jusqu'à ce que l'expérience ou une connaissance plus approfondie des faits ait levé tous les doutes et dissipé toutes les craintes qu'on peut avoir.

Ils ont cru pouvoir faire d'autant plus facilement cette concession qu'elle ne compromet en rien l'économie du projet, qui peut toujours être repris et exécuté par parties indépendantes les unes des autres.

La Commission a été unanime pour reconnaître que les digues arrêtées à la hauteur de Tancarville ne pouvaient compromettre en rien l'avenir de la partie inférieure ni avoir aucune influence sensible sur la direction des courants, attendu qu'il résulte positivement des renseignements recueillis auprès des pilotes que lorsque le chenal passe à Tancarville, il ne se porte pas nécessairement sur La Roque et Berville, ainsi qu'on l'avait admis, que notamment depuis dix-huit ans il a passé plusieurs fois au Nais, sans jamais avoir ensuite pris la direction de La Roque et de Berville et sans s'y être fixé, comme cela avait eu lieu pendant plusieurs années dans la période antérieure.

Havre, le 15 novembre 1850.

L'Ingénieur en chef du Calvados;
Signé : TOSTAIN ;

L'Ingénieur en chef du port du Havre,
Signé: RENAUD;

L'Ingénieur en chef de la Seine-Inférieure,
Signé : DOYAT.

RAPPORT

DE M. BEAULIEU,

Ingénieur, chargé du service de la navigation de la 4e section de la Seine,

SUR LES TRAVAUX

à exécuter entre La Mailleraye et Villequier, et entre Quillebeuf, Tancarville et La Roque.

Le Conseil général des ponts-et-chaussées, avant de se prononcer sur les dispositions des projets présentés pour l'amélioration de la navigation entre la Mailleraye et Villequier, et entre Quillebeuf, Tancarville et La Roque, a demandé que ces projets fussent soumis à une enquête dans la forme prescrite par l'ordonnance du 18 février 1834, ainsi qu'à une enquête nautique.

M. le Ministre des travaux publics, pour satisfaire à cette demande, a décidé le 16 juillet dernier que des enquêtes seraient ouvertes simultanément dans les départements de la Seine-Inférieure et de l'Eure, sur les projets précités, et qu'une commission composée d'un officier de marine, d'un ingénieur hydrographe et de capitaines de navires appartenant aux ports de Rouen, de Honfleur et du Havre, seraient chargés de procéder à une enquête nautique sur ces mêmes projets.

Cette triple enquête a eu lieu pendant les mois d'août, septembre et octobre, et les réponses faites par les commissions de la Seine-Inférieure et de l'Eure, et par la commission nautique, aux questions posées dans la lettre de M. le Ministre des Travaux publics du 19 juillet dernier, sont maintenant sous les yeux de l'administration avec toutes les pièces à l'appui.

Les dossiers des enquêtes ne nous ayant pas été communiqués, il nous est impossible de discuter les réponses faites à ces questions. Au surplus, le soin avec lequel la commission nautique et les commissions d'enquête se sont acquittées de la mission qui leur était confiée, et l'empressement avec lequel elles ont accueilli les explications de M. l'Ingénieur en chef, et celles que nous avons été appelé à leur donner nous-mêmes pendant le cours de leurs opérations, rendent cette discussion superflue. Nous n'aurions rien ajouté, ni rien enlevé à l'autorité des décisions prises par ces commissions, dont l'impartialité et les hautes lumières sont une garantie pour tous les intérêts engagés dans la grave question qui nous occupe. Nous nous bornerons donc à quelques nouvelles observations sur la nécessité des travaux projetés pour compléter l'amélioration commerciale de la Basse-Seine, et à l'exposé des faits qui résultent de la comparaison de l'ancien et du nouvel état des lieux, entre Villequier et Quillebeuf, avant et après la construction des digues longitudinales récemment exécutées entre ces deux points. Les questions soumises aux enquêtes par M. le Ministre recevront implicitement leur solution dans le cours de la discussion qui va suivre.

Travaux à exécuter entre la Mailleraye et Villequier.

M. l'Ingénieur en chef, après un nouvel examen des projets présentés les 10 juin 1849 et 6 février 1850, pour l'amélioration de la navigation entre la Mailleraye et Villequier a été d'avis de demander à l'Assemblée législative un crédit de 1,590,000 fr. pour les travaux à exécuter dans cette partie de la Seine.

Savoir :

Pour l'exécution du chemin de halage et de la digue à construire sur la rive gauche, suivant le tracé rouge du plan	1,050,000 f.
Pour la construction de la digue de rétrécissement à établir sur la rive droite, suivant le tracé rouge du plan	440,000
Enfin pour les draguages sur le banc des Meules	100,000
Total pareil	1,590,000 f.

Nous partageons entièrement l'avis de M. l'Ingénieur en chef, et nous restons convaincu, comme nous l'avons toujours été, que le système de travaux indiqués ci-dessus est le seul qui puisse faire disparaître d'une manière définitive et complète les obstacles qu'éprouve la navigation entre la Mailleraye et Villequier.

Le banc des Meules, sur lequel il ne reste que 2 mètres 30 d'eau au-dessous de l'étiage, est, sans contredit, le principal obstacle à la remonte des navires d'un grand tirant d'eau; mais il n'est pas le seul, et on peut même dire que le draguage de ce banc ne serait pas suivi d'un succès de longue durée. En effet, si on abandonne la rivière à elle-même, si on ne défend pas les rives contre l'action des courants qui tendent sans cesse à les détruire, et à augmenter la largeur du lit du fleuve au détriment de sa profondeur, rien ne répond que de nouveaux dépôts ne se reformeront dans l'emplacement des bancs qu'on aura dragués.

L'opinion que nous émettons ne repose pas sur de simples conjectures, mais sur des faits reconnus par tous les pilotes et les marins qui naviguent sur la Seine. Déjà des dépôts se forment en été lorsque la vitesse du courant descendant est moindre; si on augmente la profondeur du chenal sans rétrécir le lit de la rivière, on diminuera encore la vitesse, et on augmentera la cause de la formation des dépôts. Il se passera là ce qui se passait autrefois sur la traverse de Villequier. Dans la morte-eau, le courant descendant creusait cette traverse, et dans la vive-eau, les matières provenant de la destruction des rives et de l'enlèvement des vases et des bancs, venaient combler le chenal. Les pilotes étaient tellement au fait de ce résultat périodique, qu'ils s'empressaient de passer sur la traverse quelques jours avant que la vive-eau eût pû détruire les rives et combler le chenal, parce que c'était le moment où ils y trouvaient la plus grande hauteur d'eau. Aujourd'hui ils ne se préoccupent plus de l'état de la traverse, parce qu'ils savent qu'ils y trouveront toujours de l'eau.

Ce fait prouve que le seul moyen d'obtenir un chenal d'une profondeur régulière et constante, est de rétrécir le lit du fleuve, et de défendre ses rives contre l'action des courants par des digues longitudinales, semblables à celles qui ont été construites en aval de Villequier.

Quant au draguage du banc des meules, on pourrait d'abord enlever le banc connu sous le nom de petit rocher et les buttes qui existent dans le voisinage, de manière à obtenir dans toute la largeur du chenal un mouillage uniforme de 3 mètres au-dessous de l'étiage; et, si, comme nous le pensons, l'enlèvement de ces buttes n'avait aucune influence sur la tenue des eaux en amont, on pourrait continuer le draguage sur une centaine de mètres de largeur au milieu du chenal jusqu'à 3 mètres 50 au-dessous de l'étiage.

Mais, nous croyons devoir le répéter encore, le succès de ces draguages est subordonné au rétrécissement du lit de la rivière, c'est-à-dire à la construction des digues longitudinales projetées. Ces digues sont, à notre avis, le travail le plus urgent et le plus propre à assurer un mouillage permanent à la navigation.

Le chemin de halage projeté sur la rive gauche entre la Mailleraye et l'île de Belcinac n'aura aucune influence sur la profondeur du chenal, et à ce titre, il est d'une moins grande urgence. Mais il n'est pas un marin qui ne considère ce chemin comme le complément indispensable des travaux qui seront exécutés pour resserrer et approfondir le lit du fleuve, et l'administration sera invinciblement amenée à l'établir.

Dans cette position, nous pensons qu'elle agira sagement en comprenant dans les demandes de crédits qu'elle jugera convenable de faire pour la Basse-Seine, la somme nécessaire pour l'établissement de ce chemin qui sera d'une grande utilité pour les navires qui ne se font remorquer que jusqu'à Villequier.

Notre avis est en conséquence qu'il y a lieu de maintenir les dispositions du projet présenté les 10-12 juin 1849, et de demander à l'Assemblée nationale un crédit de 1,500,000 f. qui, eu égard à la diminution du prix des enrochements, nous paraît devoir suffire pour mettre ce projet à exécution, même en y comprenant le draguage du banc des Meules dans les limites indiquées ci-dessus.

Travaux exécutés entre Villequier et Quillebeuf.

Avant de parler des travaux à exécuter au-dessous de Quillebeuf, nous croyons devoir entrer dans quelques détails sur les changements survenus dans l'état des lieux et dans le régime des eaux de la Seine, depuis la construction des digues de Villequier.

Disons d'abord que l'approfondissement obtenu sur la traverse peu de temps après la construction des digues, s'est maintenu presque sans variations, et que cet approfondissement a permis de faire remonter à Rouen des navires d'un beaucoup plus fort tonnage qu'autrefois.

Nous joignons à ce rapport un profil en travers de la Seine et des digues au sommet de la traverse de Villequier, (Pièce cotée A[11]), sur lequel on a indiqué les approfondissements successifs du chenal depuis l'exécution des travaux d'endiguement. Ce profil démontre jusqu'à la dernière évidence que l'approfondissement obtenu est dû à la construction des digues; on voit que le chenal s'est creusé progressivement au fur et à mesure qu'on élevait et qu'on prolongeait les digues.

Ainsi le 31 mars 1847, avant la construction des digues, le sommet de la traverse n'était qu'à 0 m., 40 au-dessous de l'étiage. Le 6 novembre 1848, époque à laquelle la digue du sud venait d'être formée et où l'on commençait à peine à jeter les fondations de la digue du nord, à son origine près de Villequier, le sommet de la traverse était déjà descendu à 0 m., 73 au-dessous de l'étiage. Le 5 décembre, la profondeur était de 1 m., 08, le 20 décembre de 1 m., 36, le 19 janvier 1849 de 1 m., 75. Cette profondeur va constamment en augmentant jusqu'à la fin de juillet. Pendant les mois d'août, septembre, octobre, novembre et décembre, elle oscille entre 3 m., 10 et 2 m., 80; mais le 7 janvier 1850, elle descend de nouveau à 3 m., 20; elle augmente ensuite sous l'influence de la crue qui se fait sentir pendant les mois de janvier et de février, et elle atteint le 18 mars la cote de 3 m., 92 au-dessous de l'étiage. Le 23 avril, la profondeur n'est plus que de 3 m., 66, le 21 mai de 3 m., 57, et enfin le 28 juin de 3 m., 66. Cette profondeur est encore la même aujourd'hui, ainsi qu'on peut s'en assurer en examinant les profils joints au présent rapport.

Avant la construction des digues, dans les circonstances les plus favorables, lorsque la traverse déblayée par les crues d'hiver avait atteint sa plus grande profondeur, la hauteur d'eau au-dessous de l'étiage n'était jamais plus de 2 m., 40. On peut juger d'après cela de l'importance du résultat obtenu. Aussi, bien que la Seine ne fut fréquentée à cette époque que par des navires de 3 m., à 3 m., 20 au plus, dans les grandes marées de vive-eau, voyait-on de fréquents échouements sur la traverse.

De 1842 à 1847, 184 navires y ont échoué et 6 s'y sont perdus. En 1848, les digues sont commencées, le nombre des échouements est réduit à 3; en 1849 et 1850, il est nul, et pourtant des navires de 4 m., 20 à 4 m., 30 remontent la Seine. Le 22 août, jour de la pleine lune, par une marée de vive-eau, cotée 0, 83, un trois-mâts d'un tirant d'eau de 4 m., 33 est remonté à Rouen sans la moindre difficulté. Ce fait prouve mieux que tous les raisonnements combien la navigation s'est améliorée depuis la construction des digues, et quels avantages le port de Rouen a dû retirer de cette amélioration.

Nous n'avons pas à notre disposition les éléments nécessaires pour traduire cette amélioration en chiffres, mais il n'est pas douteux pour nous qu'elle n'exerce bientôt, si déjà cela n'a pas eu lieu, une heureuse influence sur le prix du fret et sur les primes d'assurances.

Il s'agit de savoir maintenant si tous ces avantages, que personne ne conteste, n'auront été obtenus qu'au détriment du mouillage de la Seine supérieure, ou, en d'autres termes, si l'endiguement de la Seine, entre Villequier et Quillebeuf, a produit un abaissement d'eau sensible à Villequier, à Rouen, à Elbeuf.

Pour que la solution de cette question soit bien comprise, il est essentiel que l'on sache ce que nous entendons par l'étiage de la Seine, entre Rouen et Villequier.

Nous avons pris pour l'étiage de la Seine, entre ces deux

points, une ligne de pente se rapprochant le plus possible des points les plus bas auxquels les eaux se sont abaissées, d'après les renseignements pris sur les lieux en 1824 par M. Frissard, à l'époque où les premiers nivellements de la Seine ont été faits. Voici comment M. Frissard s'exprime en parlant de cette ligne dans le mémoire où il a rendu compte de ses opérations.

« L'on a tracé sur le profil du Thalweg l'étiage ou les plus « basses eaux. D'après les renseignements pris sur les lieux, « comparés à ceux obtenus par M. l'ingénieur Schwilgué, l'é- « tiage à la Bouille a été fixé au zéro de l'échelle de ce point. « Les autres indications prises en aval donnaient des points « qui ne formaient pas une ligne de pente régulière, ce que « l'on pouvait prévoir, les indicateurs ne pouvant donner que « des renseignements approximatifs. L'on a fait passer une « ligne de pente qui se rapprochait le plus possible de tous « ces points, et l'on peut assurer que la ligne tracée se rap- « proche autant que possible de la vérité. »

C'est à cette ligne d'étiage ainsi tracée que nous avons rapporté les observations des hauteurs d'eau faites pour constater si la construction des digues a réellement produit un abaissement sensible dans le niveau des eaux en amont de Villequier.

Il résulte de ces observations que le 16 septembre dernier, les eaux se sont abaissées des quantités suivantes au-dessous de la ligne d'étiage repérée comme nous venons de l'indiquer :

A Rouen de	0m,41
A la Bouille de.	0,35
A Duclair de.	0,30
A Villequier de	0,22

L'opinion générale des riverains de la Seine est que cet abaissement est dû, comme ils le disent, « aux travaux de la Basse-Seine. » Quelques personnes pensent, au contraire, qu'il doit être attribué à la pénurie des eaux de la Seine et de ses affluents en amont de Rouen et à la série de vents d'Est qui se sont fait sentir pendant les quinze premiers jours du mois de septembre.

Nous croyons que toutes ces causes ont influé sur le résultat observé, et qu'en particulier les vents d'Est qui ont régné au mois de septembre ont beaucoup contribué à faire baisser les eaux, grâce à l'écoulement facile qu'elles ont trouvé sur la traverse de Villequier. Mais tout en reconnaissant que l'approfondissement de cette traverse a procuré un écoulement plus facile aux eaux et tend à les faire baisser davantage qu'autrefois, toutes circonstances égales d'ailleurs, nous sommes loin de partager les craintes qu'on a exprimées sur les conséquences de ce résultat éminemment favorable à l'entretien des chenaux et des passes de l'embouchure.

La progression décroissante des abaissements observés entre Rouen et Villequier, est déjà une preuve que l'appauvrissement du mouillage dont on a menacé le port de Rouen et la partie de la Seine en amont de Villequier, n'est pas aussi à redouter que quelques ingénieurs l'ont pensé. Elle révèle l'existence d'une force puissante qui sera toujours un obstacle à l'abaissement des eaux de la Seine, et cette force, c'est la marée.

En effet, l'établissement du port du Havre étant 9 h. 50, la mer doit être pleine vers 10 heures à l'embouchure de la Seine, et comme elle monte environ six heures, elle doit commencer à monter vers 4 heures. C'est à peu près l'heure où elle commence à baisser à Rouen. A cet instant la Seine présente sur tout son développement un courant descendant. Mais bientôt un léger courant ascendant se manifeste à l'embouchure et le courant descendant se trouve arrêté dans sa marche. Les eaux présentent alors un état de repos complet à quelque distance en amont de l'embouchure, comme on peut l'observer sur les corps qui flottent à la surface. L'état de repos que l'on observe en ce point provient de ce que les deux courants opposés qui viennent s'y rencontrer, se font momentanément équilibre. Mais le flot, recevant une nouvelle impulsion de la part de la force motrice qui agit sans relâche, à l'embouchure, surmonte bientôt la résistance du reflux et se meut vers l'amont. Une série de faits analogues a lieu en chacun des points de la rivière, seulement pour chacun de ces points, l'instant où l'eau commence à monter est d'autant plus éloigné de celui où la même chose a lieu à l'embouchure, que ce point lui-même est plus distant de cette embouchure. Il s'ensuit que l'état de repos que nous avons signalé au commencement du flot, se déplace successivement en montant vers l'intérieur; son passage devant chaque point de la rivière détermine l'instant de la marée basse pour ce point. Toute la partie de la rivière qui se trouve en aval de l'endroit en repos est animée par un courant ascendant, tandis que la partie en amont présente un courant descendant. Ces deux courants opposés ont pour limite commune la partie étale qui les sépare. L'eau qui continue à descendre de l'amont rencontre cette masse en repos qui s'oppose à son mouvement; elle est forcée de s'accumuler contre la barrière qui l'arrête et son niveau se relève insensiblement. Il en résulte que l'abaissement des eaux est très minime en amont pendant les dernières heures de la marée baissante. Ainsi à Villequier la mer baisse dans les vives-eaux de $0^{m},30$ à $0^{m},35$ pendant la première heure, de $0^{m},35$ à $0^{m},40$ et même $0^{m},50$ pendant la seconde, la troisième et la quatrième heure, tandis qu'elle ne baisse plus que $0^{m},06$ à $0^{m},08$ pendant les deux dernières heures, ce qui est dû à l'influence du courant ascendant qui se fait sentir en aval

Il est évident d'après cela que le flot est la principale cause de la tenue des eaux de la Seine entre Rouen et Villequier, et que bien que l'approfondissement de la traverse leur ait procuré une écoulement plus facile, on n'a pas à craindre dans leur niveau un abaissement nuisible à la navigation.

Nous allons examiner maintenant les changements survenus dans l'état de la rivière entre Villequier et Quillebeuf, depuis la construction des digues.

Des profils en travers (voir les pièces cotées A^2 et A^3 jointes au présent rapport) levés en mars 1847 entre Villequier et la Vaquerie, avant le commencement des travaux, et en juin 1849 entre la Vaquerie et Quillebeuf, à l'époque où il fut décidé que la digue du Nord serait prolongée jusqu'au phare de Courval, ont servi, à l'aide de deux nouvelles séries de profils levés dans le même emplacement que les premiers pendant le mois d'octobre dernier, à établir une comparaison aussi exacte que possible entre l'ancien et le nouvel état des lieux. En rapportant ces derniers profils sur les premiers, on a pu calculer les sections et les volumes des bancs, des alluvions et des eaux au-dessus et au-dessous de l'étiage, avant et après la construction des digues.

Afin qu'on puisse mieux apprécier le mouvement des sables et des alluvions à droite et à gauche des digues et dans le chenal entre les digues, nous avons fait des calculs séparés pour ces trois parties. Ces calculs sont résumés dans les tableaux ci-joints (pièces cotées A^4 et A^5). Le premier de ces tableaux se rapporte à la partie comprise entre Villequier et La Vaquerie où les digues comptent deux années d'existence, et le second à la partie comprise entre La Vaquerie et Quillebeuf, dont l'endiguement vient d'être terminé.

L'analyse de ces deux tableaux donne les résultats suivants (1) :

---

(1) Afin qu'on puisse vérifier plus facilement nos calculs, nous en avons résumé les éléments sous forme algébrique, et nous donnons ci-après les formules applicables à chaque cas.

1° Entre Villequier et la Vaquerie.

(Tableau n° 1er, côté A⁴ et série de profils numérotés de 1 à 23 côtée A².)

	mètres.
V_1. Volume des bancs au-dessus de l'étiage avant la construction des digues	3,275,440
V_2. Volume d'eau au-dessous de l'étiage, à la même époque	9,128,352
V_3. Cube des alluvions et des bancs, depuis la construction des digues	15,629,448
V_4. Volume d'eau au-dessous de l'étiage, depuis la construction des digues	12,409,288
V_5. Cube des sables provenant du chenal entre les digues	5,463,256
V_6. Cube des alluvions venues de l'amont et de l'aval, ou cube des nouveaux apports . . .	6,911,708
V_7. Augmentation du volume d'eau au-dessous de l'étiage, depuis la construction des digues .	3,280,936
V_8. Augmentation du volume des alluvions et des bancs au-dessus de l'étiage, depuis la construction des digues	12,354,008

$V1 = w1 + w2 + w3.$

$V2 = v1 + v2 + v3.$

$V3 = w'1 + w'2 + w3 + (v1 - v'1) + (v3 + v'3).$

$V4 = v'1 + v'2 + v'3.$

$V5 = (v'2 - v2) + (w2 - w'2).$

$V6 = (v1 + v2 + v3) - v'1 + v'2 + v'3) + (w'1 + w'2 + w'3) - w1 + w2 + w3).$

$V7 = (v'1 + v'2 + v'3) - (v1 + v2 + v3).$

$V8 = (w'1 + w'2 + w'3) - (w1 + w2 + w3) + (v1 - v'1) + (v3 - v'3).$

$V9 = v'2 - v2.$

$V10 = w2 - w'2.$

$V11 = (v1 - v'1) + (v3 - v'3).$

$V12 = (w'1 - w1) + (v1 - v'1).$

$V13 = (w'3 - w3) + (v3 - v'3).$

V_9. Augmentation du volume d'eau au-dessous de l'étiage entre les digues, ou cube des affouillements qui ont eu lieu dans le chenal. mètres. 5,442,300

V_{10}. Diminution du volume des bancs au-dessus de l'étiage entre les digues 20,956

V_{11}. Volume d'eau au-dessous de l'étiage, en dehors des digues, remplacé par des alluvions. 2,161,364

V_{12}. Volume des nouvelles alluvions à droite du chenal 7,083,880

V_{13}. Volume des nouvelles alluvions à gauche du chenal 5,291,084

2° Entre la Vaquerie et Quillebeuf.

(Tableau n° 2, côté A^3 et série de profils numérotés de 24 à 51, cotée A^5.)

V'_1. Volume des bancs au-dessous de l'étiage, avant la construction des digues . . . . . mètres. 13,946,473

V'_2. Volume d'eau au-dessous de l'étiage, à la même époque 10,179,650

V'_3. Cube des alluvions et des bancs, depuis la construction des digues 27,474,359

V'_4. Volume d'eau au-dessous de l'étiage, depuis la construction des digues 11,193,330

V'_5. Cube des sables provenant du chenal, entre les digues 2,317,251

V'_6. Cube des alluvions venues de l'amont et de l'aval, ou cube des nouveaux apports . . . 11,029,640

V'_7. Augmentation du volume d'eau au-dessous de l'étiage, depuis la construction des digues 1,013,680

V'_8. Augmentation du volume des alluvions et des bancs au-dessus de l'étiage, depuis la construction des digues 13,527,886

V'9. Augmentation du volume d'eau au-dessous de l'étiage entre les digues, ou cube des affouillements qui ont eu lieu dans le chenal.	2,498,146
V'10. Augmentation du volume des bancs au-dessus de l'étiage entre les digues	180,895
V'11. Volume d'eau au-dessous de l'étiage, en dehors des digues, remplacé par des alluvions	1,484,466
V'12. Volume des nouvelles alluvions, à droite du chenal	12,630,662
V'13. Volume des nouvelles alluvions, à gauche du chenal	716,329

Il résulte des calculs ci-dessus que l'augmentation du volume d'eau au-dessous de l'étiage, entre les digues, ou, ce qui revient au même, le cube des affouillements qui ont eu lieu dans le chenal, est de 5,442,300 mètres entre Villequier et la Vaquerie, et de 2,498,146 mètres entre la Vaquerie et Quillebeuf. L'approfondissement a été, comme on le voit, beaucoup moindre dans cette partie que dans la première. Cela tient à ce que le chenal était plus creux avant la construction des digues et surtout à ce que la digue du Nord n'étant pas rattachée à la côte, le chenal est resté ouvert à tous les ensablements provenant des érosions du banc du Tot qui s'étend au nord de la baie, vis-à-vis de Quillebeuf. Les courants de flot après avoir labouré ce banc dans tous les sens, viennent retomber dans le chenal par dessus la digue, et y déposent une partie des sables dont ils sont chargés, sous l'influence des remous produits par leur rencontre avec les courants qui suivent le chenal. C'est à cette cause qu'est due la formation du banc que l'on remarque dans le chenal entre les profils 45 et 51. A moins que le chenal ne change de direction et ne prenne naturellement celle que nous proposons de lui donner par la construction des digues au-dessous de Quillebeuf, on peut affirmer que ce banc ne disparaîtra pas, tant qu'on ne prolongera pas la digue jusqu'à la pointe de Tancarville. Ce simple exposé suffit pour démontrer la nécessité de ce prolongement.

L'augmentation du volume des alluvions et des bancs au-dessus de l'étiage depuis la construction des digues, est à peu près la même entre Villequier et la Vaquerie, et entre la Vaquerie et Quillebeuf, 12,354,008 mètres d'un côté, et 13,527,886 mètres de l'autre; en totalité 25,881,894 mètres.

Le cube des alluvions venues de l'amont et de l'aval, où le cube des nouveaux apports est de 6,911,708 mètres entre Villequier et la Vaquerie, de 11,029,740 mètres entre la Vaquerie et Quillebeuf, et en totalié de 17,941,448 mètres.

La proportion dans laquelle ce volume doit être réparti entre les alluvions venues de l'amont et celles venues de l'aval, serait intéressante à connaître. Mais il est impossible d'aborder cette question en l'absence de résultats d'observations sur les quantités de matières que les eaux de la Seine tiennent en suspension. On fait en ce moment des expériences de filtrages à Villequier et à Rouen, afin d'arriver à connaître cet élément de la question. Mais à en juger par la limpidité habituelle des eaux de la Seine proprement dite et par le trouble des eaux de la marée, il n'est pas douteux pour nous que la majeure partie des dépôts nouvellement formés derrière les digues ne provienne des sables de la baie.

Ici se présente une question qui demande à être examinée avec soin : la diminution du volume d'eau aux heures des marées résultant de ces dépôts, n'aura-t-elle pas une influence fâcheuse sur le régime de la baie et sur la profondeur des passes de l'embouchure? Nous ne le pensons pas, et voici pourquoi : si l'on observe la marée monter et descendre dans une baie, on voit les bancs de sables entre lesquels serpente la rivière qui débouche dans cette baie, disparaître successivement de l'aval à l'amont dans un certain ordre, puis reparaître exactement dans le même ordre en marchant de l'amont à l'aval Il en résulte que les eaux qui recouvrent les bancs supérieurs s'écoulent superficiellement par la vaste baie ouverte devant elles, et ne sont d'aucune utilité pour les chasses et le nettoiement du chenal de l'embouchure. Les seules portions utiles du flot introduit, sont celles qui sont remontées à de très grandes distances dans le lit régulier de la rivière, et qui, n'arrivant à l'embouchure que lorsque les bancs sont découverts, se trouvent pressées dans les passes et y produisent un effet d'autant plus grand, que ces passes sont moins évasées dans leur section transversale. Le chenal actuel de la Seine présente un exemple de ce genre en aval de Quillebeuf, dans la partie de son cours qui longe le marais Vernier. Les eaux concentrées sur ce point dans une passe étroite, l'ont creusé jusqu'à 7 mètres de profondeur (Voir le plan coté A[6], et la série de profils cotée A[7].)

D'ailleurs, en admettant même qu'une partie des eaux qui occupaient autrefois l'espace remplacé par des alluvions derrière les digues, contribuât à l'entretien des passes de l'embouchure, leur effet utile a été plus que remplacé par l'excédant du volume d'eau qui remonte en Seine, par suite de l'augmentation de la durée du flot à Villequier, et sur tous les points de la rivière en amont de ce port.

Travaux à exécuter entre Quillebeuf, Tancarville et La Roque.

Nous croyons inutile d'insister sur la nécessité de ces travaux ; sans parler de l'inconvénient qu'il y aurait de laisser la digue de la rive droite inachevée, exposée à la poussée des flots, il est évident que les oscillations perpétuelles du chenal d'une rive à l'autre de la baie et les mouvements désordonnés qui en résultent dans la marche des courants, sont une cause incessante de perturbations incompatibles avec l'établissement d'une bonne navigation. Il faut nécessairement, pour avoir un chenal large et profond, réunir tous ces courants divers en un courant unique, qui soit lui-même maintenu entre deux rives solides et inattaquables. En un mot, il faut amener le chenal à suivre la direction qui sera reconnue la plus avantageuse à la navigation, et il n'est pas douteux pour nous qu'on n'y parvienne au moyen de deux digues semblables à celles qui ont été construites entre Villequier et Quillebeuf.

Le tracé des digues a été l'objet de la plus grande attention. Il était subordonné à la connaissance du gisement et de la profondeur de la roche au-dessous des sables qui forment la surface actuelle de la baie. Des sondages faits dans l'emplacement du chenal et des digues, figurés en rouge sur le plan coté A^6 et dont les résultats sont rapportés sur la feuille de dessin cotée A^8, avaient indiqué la roche à une grande profondeur au-dessous de l'étiage, sur tous les points où l'on avait opéré entre Quillebeuf et la pointe de La Roque. Nous avions en conséquence adopté ce tracé. Mais l'existence du plateau sous-marin des *Ors* signalé par un ancien pilote à la commission nautique, nous a obligé à abandonner ce premier tracé. Une exploration attentive de ce rocher a fait reconnaître la nécessité de porter le chenal un peu plus au nord, immédiatement en aval de la pointe de Quillebeuf. Il résulte des sondages faits sur ce point (Voir le tableau graphique de ces sondages, pièce cotée A^9) qu'en suivant le tracé bleu du plan, on aura au moins 4 m., 40 de profondeur au-dessous de l'étiage sur plus de 200 mètres de largeur à partir de la digue du nord, si le chenal se creuse jusqu'à la roche. Cette profondeur pourra même atteindre la cote 5 m., 86 sur la ligne des sondages n°s 6, 7, 8, 9 et 10 qui correspond à peu près à l'axe du chenal. Elle ira ensuite en diminuant sur le reste de la largeur et ne sera plus que de 2 m., 63 sur le plan supérieur des Ors situé dans le prolongement de la pointe de Quillebeuf.

Les pilotes prétendent qu'il existe dans ces parages ce qu'ils appellent des cannes de roche qui s'élèvent sensiblement au-dessus du plan général du rocher. On a constaté l'existence d'une de ces roches sur laquelle il ne restait que 1 m., 07 d'eau au-dessous de l'étiage; mais il a été impossible d'en relever la position, parce que la bouée qui avait été placée dessus pendant la grande mer a été emportée par le courant. A la morte-eau suivante cette roche s'est trouvée couverte de sable, et on n'a pas pu en retrouver la trace. Mais comme elle était bien au sud de la ligne des forages, (6-10) elle ne saurait être un obstacle à la navigation, non plus que les autres pointes qui se trouveraient dans une position analogue. Quoi qu'il en soit, il résulte des sondages qui ont été faits que le chenal passe dans la partie la plus creuse du rocher.

Le tracé du chenal déterminé, il s'agit de savoir quelle devra être sa largeur à Tancarville et à La Roque, eu égard à la manœuvre des bâtiments à voile, à la marche et à l'introduction des marées.

Presque tous les pilotes ont été d'avis qu'une largeur de 500 mètres à Tancarville serait suffisante.

Si l'on adopte en aval de Quillebeuf l'élargissement de 10 mètres par kilomètre que l'on s'est imposé entre Villequier et Quillebeuf, cette largeur devrait être de 550 mètres. Nous ne pensons pas qu'il convienne d'aller au-delà, et de porter la largeur du chenal à 600 ou 700, et à plus forte raison à 1,000 mètres.

En effet, si l'on parcourt la série de profils, cotée A7, on voit que sur les points où toutes les eaux sont réunies dans le chenal navigable, ce chenal n'a pas même 500 mètres au niveau de la ligne d'étiage, et pourtant les profondeurs n'ont rien d'exagéré. Voici quelles sont ces largeurs avec l'indication des profondeurs correspondantes :

INDICATION DES PROFILS.	LARGEUR au niveau de l'étiage.	PROFONDEUR maxima au-dessous de l'étiage.	OBSERVATIONS.
Profil N° 4....	430 m	6m,34	
Profil N° 5...	300	7, 54	
Profil N° 6 ..	350	6, 21	
Profil N° 7....	415	4, 70	
Profil N° 8....	490	4, 44	
TOTAUX	1,985 m	29m,23	Largeur moyenne, 397 m. Profondeur moyenne, 5m 85.

La moyenne de ces largeurs n'atteint même pas 400 mètres et la profondeur moyenne 6 mètres.

Au profil n° 9, toutes les eaux passent encore dans la même section, mais cette section à 810 m. de largeur et la profondeur maxima n'est plus que de 3 mèt. 05, et encore cette profondeur n'existe-t-elle que sur un seul point.

Nous concluons de là que si l'on veut avoir une profondeur de 3 m., 50 à 4 mètres entre les digues à Tancarville, il ne faut pas laisser entr'elles un intervalle de plus de 525 à 550 mètres, et que cet intervalle devrait être de 600 m au plus à la pointe de La Roque.

Au surplus, comme il n'est nullement question de prolonger la digue droite au-delà de la pointe de Tancarville, la nature dira elle-même quelle sera la largeur de chenal à la pointe de La Roque.

Nous avons entendu exprimer la crainte de voir le chenal limité par les digues se combler tout à coup par l'effet d'une tempête, de vents d'Ouest ou de Sud-Ouest, à l'endroit ou il débouchera dans la baie, et l'on citait à l'appui de cette crainte ce qui a eu lieu à l'embouchure de l'Adour. Nous croyons qu'il n'y a pas la moindre analogie entre les deux cas. En effet, l'Adour débouche à l'extrémité d'une côte rectiligne et sablonneuse de 60 lieues de longueur dans une baie où les vagues ont des amplitudes de 300 à 400 mètres, et des vitesses d'oscillation de 13 à 20 mètres par seconde, tandis que la Seine débouche dans une baie infiniment plus abritée et beaucoup moins exposée aux ensablements, en raison de la nature des côtes qui s'étendent à droite et à gauche de son embouchure. Au surplus l'expérience démontre que les coups de vent et les tempêtes n'ont aucune influence sur les oscillations du chenal de la baie aux heures des marées; ce sont les courants qui s'établissent au jusant et au flot dans les chenaux de l'embouchure qui déterminent les changements qui ont lieu journellement sous nos yeux dans la direction de ces chenaux.

Il est impossible de déterminer exactement la hauteur des digues; cette hauteur dépendra de celle des attérissements, et devra être telle que les sables ne puissent pas être entraînés dans le chenal. L'expérience seule pourra dire ce qu'il conviendra de faire à cet égard. Mais il conviendra de ne les élever d'abord que très peu au-dessus des bancs, afin de ne pas trop donner de prise à l'action des courants de flot.

Quant aux avantages qui résulteraient pour la navigation de la fixation du chenal jusqu'à La Roque, ils seraient très notables.

Un navire partant de la pointe de Tancarville ne mettrait pas plus d'une demie heure pour venir à Quillebeuf en suivant le chenal projeté, tandis qu'en suivant le chenal actuel, il lui faut plus d'une heure et demie. Cette économie d'une heure entre Tancarville et Quillebeuf lui procurerait en amont de Quillebeuf une nouvelle économie d'une heure au moins, en ce sens qu'il aurait le flot beaucoup plus longtemps pour remonter la Seine. La fixité du chenal et la régularité qui en résulterait dans la marche des courants auraient l'avantage de prévenir les échouements et les sinistres qui ont lieu aujourd'hui, lorsque les navires, pris en travers par les courants qui ne suivent pas la direction du chenal, se trouvent brusquement jetés sur les bancs. Ces courants transversaux sont parfois tellement violents que la force d'un bateau à vapeur ne suffit pas toujours pour les maitriser et pour diriger les navires qu'il a à sa remorque. Avant la construction des digues entre Villequier et Quillebeuf, les courants transversaux étaient très dangereux, principalement en amont de La Vaquerie, et la plus petite inadvertance de la part d'un capitaine pouvait compromettre son navire. Aujourd'hui les pilotes ne se préoccupent plus de l'action des courants, parce qu'ils savent qu'ils portent tous en Seine, ou, en d'autres termes, qu'ils suivent tous la direction du chenal. Voilà pour la sûreté et la célérité dans la marche des navires. Voici maintenant pour le tonnage.

Dans l'état actuel de la baie, un navire tirant plus de 3 m., 20, peut à peine monter à Quillebeuf en morte-eau. Or il résulte de la déclaration unanime des pilotes, qu'un navire tirant 4 mètres peut toujours remonter de la mer au Val-Salé, vis-à-vis de La Roque. On gagnerait donc 0 m., 80 sur le tirant d'eau des navires si le chenal était amélioré jusqu'au Val-Salé, ou plutôt jusqu'à La Roque, ce qui équivaut à une augmentation de tonnage de plus de cent tonneaux.

Au-dessous du Val-Salé, il y a toujours plus d'eau qu'il n'en faut pour un navire de 4 mètres dans les pleines mers de morte-eau ordinaires, ainsi que le démontre le profil en long du Thalweg entre Quillebeuf et Honfleur (pièce cotée A[10]), joint au présent rapport. Toute la question est donc d'arriver au Val-Salé, quand le chenal passe sur la rive droite, ou à La Roque, quand le chenal passe sur la rive gauche.

Nous avons dit dans notre rapport du 25 mars dernier, d'après M. Frissard, que toutes les fois que le courant descendant se dirige de la pointe de Quillebeuf vers l'amont de celle de Tancarville, il se réfléchit sur le flanc Est de cette pointe et se reporte vers La Roque, en passant derrière le banc de Saint-Sauveur et devant le port d'Honfleur. Ce fait admis par tous les marins est confirmé par un plan de la Seine levé en 1717, déposé au ministère de la marine et reproduit par M. J. Rondeaux dans l'ouvrage qu'il a publié en 1849, sous le titre : *recueil des faits divers et de pièces inédites ou déjà publiées, concernant la Seine maritime* On doit donc espérer que le chenal suivra cette direction, et qu'il se fixera sur la rive gauche, en aval de la Roque. Cette direction reconnue la meilleure par les pilotes, en raison de l'abri qu'elle procure aux navires, contre les vents d'ouest et de sud-ouest qui sont les vents régnants dans la Manche, a de plus le grand avantage d'améliorer l'embouchure de la Risle et les ports de Pont-Audemer et d'Honfleur. C'est surtout dans l'intérêt de ces deux ports qu'il importe que le chenal passe sur la rive gauche. Il est évident, en effet, que leur position avancée dans l'intérieur de la baie les rendrait bientôt inaccessibles, si le chenal etait fixé sur la rive droite. Le Havre exprime, il est vrai, les mêmes craintes pour le cas où le chenal se fixerait sur la rive gauche, mais il est facile de voir que le Havre n'est pas dans la même position qu'Honfleur, et à plus forte raison, que l'embouchure de la Risle. L'examen de la dernière question posée par M. le Ministre des Travaux publics, va nous donner le moyen de le prouver.

Quand la marée monte à l'embouchure de la Seine, elle se divise en deux courants principaux qui longent, l'un la côte du Calvados, et l'autre la côte opposée. Le premier pénètre dans la baie entre le banc du Ratier et Honfleur, et l'autre entre le banc d'Amfard et le Havre. Le premier de ces courants entretient une passe de 5 à 6 mètres de profondeur. Le second entretient également une passe dont la profondeur varie de 5 à 6 mètres 50, jusqu'à la pointe du Hoc. Ces deux courants s'épanouissent ensuite dans la baie, et leur direction dépend de celle des chenaux de la Seine.

Un troisième courant, dérivé du courant principal de la Manche, pénètre encore dans la baie de Seine, entre les bancs d'Amfard et du Ratier. Ce troisième courant s'épanouit comme les deux premiers au milieu des sables, et les nouvelles directions qu'il affecte dépendent beaucoup plus de l'hydrographie de la baie et de la position du Thalweg de la Seine que de sa direction primitive.

Parmi les trois courants dont nous venons de parler, celui qui longe la côte du Calvados, est la seule ressource du port d'Honfleur, quand la Seine s'éloigne de ce port. La suppression de ce courant et l'éloignement de la Seine seraient la ruine d'Honfleur, qui ne tarderait pas à s'envaser au point de devenir inabordable.

Le courant de la rive droite n'est pas aussi nécessaire à la conservation du port du Havre, parce que ce port est beaucoup plus éloigné du champ des attérissements. Les profondeurs qui existent dans le voisinage du Havre ne sont dues qu'au courant littoral de la Manche, et nullement aux courants qui entrent dans la Seine ou qui en sortent. Ces derniers courants ont au contraire l'inconvénient de déterminer un remous à l'entrée du Havre qui contribûrait puissamment à l'exhaussement du poulier du Sud, si le service de lestage n'enlevait pas tout le galet qui arrive entre la jetée du Nord et le cap de la Hève. Le port du Havre ne court donc aucun risque de voir son entrée compromise par les travaux projetés, puisque les alluvions que lui apporte aujourd'hui la Seine, seront emprisonnées dans les réservoirs formés par les digues en amont de la Roque, et n'en sortiront plus. Au surplus, la Seine a suivi pendant de longues années la rive gauche de la baie, sans que jamais le Havre ait eu à souffrir de cet état de choses. Ce fait, observé à diverses époques, attesté par les marins de la localité, et confirmé par un recueil officiel, le *Pilote français*, rédigé par MM. les ingénieurs hydrographes, suffirait à lui seul pour prouver que la profondeur du port du Havre est tout à fait désintéressée dans la question d'endiguement de la Seine. Nous sommes convaincu, quant à nous, que le Havre, en raison de sa position sur le littoral, ne serait pas dans des conditions moins désavantageuses, même quand la Seine n'existerait pas.

Il n'en est pas de même du port d'Harfleur qui est sur la rive droite, dans une position analogue à celle d'Honfleur. Il est évident que l'existence de ce port serait gravement compromise, si les courants qui ont lieu au flot et au jusant sur la rive droite étaient supprimés. Mais les travaux à exécuter entre Quillebeuf, Tancarville et La Roque, ne sauraient avoir ce résultat; le port d'Harfleur sera donc exactement dans la même position après qu'avant l'exécution des travaux.

En résumé, nous croyons que les digues projetées entre Quillebeuf, Tancarville et La Roque, n'auraient aucune influence fâcheuse sur les ports du Havre et d'Harfleur, et qu'elles contribueraient puissamment à dégager l'embouchure de la Risle et le port d'Honfleur des sables et des vases qui obstruent leur entrée, si, comme tout porte à le croire, leur exécution détermine le chenal à se fixer sur la rive gauche de la baie.

Quant à leur influence sur la barre, sur les courants et sur les rives, on peut affirmer d'après l'expérience acquise entre Villequier et Quillebeuf, qu'elle serait on ne peut plus avantageuse. Les rives protégées et de vastes terrains conquis au grand avantage de l'agriculture; la barre supprimée; les courants régularisés et devenus un auxiliaire au lieu d'être un obstacle et parfois un écueil pour la navigation; tels seraient, certainement, les résultats de l'endiguement de la Seine en aval de Quillebeuf.

Ces avantages, joints à l'économie qui résultera pour le commerce de l'accès journalier du port de Rouen pour des bâtiments d'un tonnage supérieur de plus de 100 tonneaux, à celui des navires que ce port reçoit déjà, donnent au projet un caractère évident d'utilité publique, et nous espérons que l'administration, appréciant dans sa haute impartialité les résultats de l'enquête qui vient d'avoir lieu, n'hésitera pas à demander à l'Assemblée nationale le crédit de 4,500,000 fr., nécessaire pour mettre ce projet à exécution.

Duclair, le 14 novembre 1850.

Signé : BEAULIEU.

RAPPORT

De l'Ingénieur en chef du département de la Seine-Inférieure, chargé de la direction des travaux de la 4e section de la Seine, sur les enquêtes faites sur les projets présentés pour l'amélioration de cette rivière, entre La Mailleraye et Villequier, et entre Quillebeuf, Tancarville et la pointe de La Roque.

Le Conseil général des Ponts-et-Chaussées, après avoir examiné dans trois séances successives les projets que j'ai présentés les 14 février et 6 avril 1850, pour améliorer la navigation de la Seine entre La Mailleraye et Villequier, et entre Quillebeuf, Tancarville et la pointe de La Roque, a demandé que ces deux projets fussent soumis à une enquête dans la forme prescrite par l'ordonnance du 18 février 1834, ainsi qu'à une enquête nautique. Il a pensé, en outre, qu'il serait utile d'indiquer les principales questions sur lesquelles ces commissions auraient à se prononcer, et, dans ce but, il a rédigé un programme contenant 24 questions.

Cette dernière proposition qui, je le crois, n'avait pas de précédent, mais qui présentait le grand avantage de faciliter l'examen à faire, de concentrer les discussions et de permettre de faire des réponses nettes et précises, a été approuvée par M. le Ministre des Travaux publics qui, par une lettre du 16 juillet dernier, à M. le Préfet de la Seine-Inférieure, a invité cet administrateur à ouvrir les deux enquêtes réclamées par le Conseil général des Ponts-et-Chaussées, et à demander aux membres de ces commissions leur avis sur les questions formulées par ce conseil.

Les travaux projetés devant s'étendre sur le territoire des départements de l'Eure et de la Seine-Inférieure, il a été formé, suivant l'article 4 de l'ordonnance précitée, deux commissions d'enquête, une pour le département de l'Eure, l'autre pour le département de la Seine-Inférieure, et, conformément à la modification apportée, par l'ordonnance du 15 février 1835, à l'art. 5 de l'ordonnance de 1834, il a été ouvert seulement des registres aux chef-lieux d'arrondissement, si ce n'est au Havre, où il a paru convenable de déposer, comme à Rouen et à Évreux, des copies des projets dressés. Les craintes exprimées autrefois par le Havre devaient engager à faire une exception en sa faveur, et j'ai cru devoir la proposer à M. le Préfet de la Seine-Inférieure.

La commission d'enquête du département de la Seine-Inférieure a été présidée par M. J. Rondeaux, ancien membre de la Chambre des Députés et du Conseil général, et ancien président de la Chambre de commerce de Rouen. M. Germonière, représentant à l'Assemblée législative, a été nommé secrétaire et rapporteur de cette commission.

La commission du département de l'Eure a été présidée par M. de Vatimesnil, représentant à l'Assemblée législative, qui a été aussi désigné comme rapporteur de cette commission.

La commission nautique a été présidée par M. Le Saulnier de Vauhello, capitaine de vaisseau, et a eu pour rapporteur M. Dortet de Tessan, ingénieur hydrographe, qui avait été désigné déjà par M. le Ministre de la Marine comme vice-président de cette commission.

Les noms que je viens de citer, suffisent pour prouver combien ces trois commissions étaient sérieuses, pour signaler le soin qu'elles ont apporté à remplir la mission qui leur a été donnée, et la confiance que l'on doit avoir dans ce qu'elles avancent.

Les membres de ces trois commissions ne se sont point en effet contenté de lire et d'examiner les pièces déposées, de se rendre compte des observations presentées, et d'entendre les ingénieurs ; ils ont voulu voir de leurs yeux les travaux déjà exécutés, visiter l'emplacement sur lequel les travaux projetés doivent être assis, et entendre des pilotes et des capitaines de navires. Dans ce but, les membres de ces commissions sont allés à Quillebeuf, à Tancarville et à La Roque. La commission nautique a même poussé son excursion jusqu'au Havre, où elle a questionné M. Hourant (Charles), maître au cabotage, et ayant commandé des bateaux remorqueurs de la Seine; M. Exmelin, capitaine au long cours et commandant le *Boïeldieu*, M. Mazéras (Léopold), chef du pilotage au Havre, et enfin, M. Renaud, ingénieur en chef des Ponts-et-Chaussées, chargé de la direction des travaux du port du Havre.

Cette même commission avait entendu à Quillebeuf les marins ci-après: les pilotes Napoléon Durand, chevalier de la Légion d'honneur; Legoffe (Nicolas-Marie), chevalier de la Légion d'honneur; Castro (Louis-Léonard); Durand (Michel-Nicolas); Ozanne (Philippe-Gabriel); Borée; Le Sant; Fermont; enfin, M. Fauqueux, officier-chef du pilotage à Quillebeuf, et M. Fautrel, syndic de la marine à ce port.

Les commissions d'enquête de l'Eure et de la Seine-Inférieure ont interrogé, à Quillebeuf, les marins désignés ci-après: Liétout (Louis-Auguste); Le Sault (Charles-Désiré); Hébert (Jacques-Pascal); Parquier (Pierre); Guérard (Antoine); Adam (Pierre-Nicolas); Chartier (Pierre-Julien); tous les sept, pilotes à Quillebeuf; Pestel (Pierre-Michel), pêcheur à Honfleur; Geoffroy (Toussaint-Victor), garde-maritime à Honfleur; Isabel (Pierre-Auguste), marin à Honfleur; Pognon (Amand), maître au cabotage à Honfleur; enfin, Parquet (Jacques-Noël), pilote à Berville depuis 32 ans.

On remarquera, sans doute, que les pilotes entendus par les commissions d'enquête ne sont pas les mêmes que ceux que la commission nautique avait interrogés, de telle sorte que 25 marins ont été appelés à donner des renseignements sur l'état de la rivière à différentes époques, sur les travaux exécutés entre Villequier et Quillebeuf, et sur ceux à faire au-dessous de ce point.

On le voit, l'investigation, les recherches ne pouvaient pas être plus grandes et faites avec plus de soin. Voici par oui et non, par quelques mots ou quelques nombres, les réponses faites par ces commissions aux questions posées par M. le Ministre des Travaux publics.

QUESTIONS POSÉES.

1re PARTIE.—De la Mailleraye à Villequier.

1° Le banc des Meules est-il un obstacle à la navigation ?

2° Son enlèvement par draguage peut-il avoir une influence sur le régime de la rivière, en amont, notamment au port de Rouen ?

3° Convient-il de faire des digues longitudinales entre la Mailleraye et Villequier ?

4° Convient-il d'ajouter à ces digues un chemin de halage ?

2me PARTIE.—De Villequier à Quillebeuf.

5° L'endiguement de la Seine, entre Villequier et Quillebeuf, a-t-il produit un abaissement d'eau sensible à Villequier, à Rouen, à Elbeuf ?

6° Depuis l'exécution des digues, la traverse s'est-elle reformée entre les digues ou en aval ?

7° Quelles modifications les travaux ont-ils apportées dans la marche des navires et dans le prix du fret ? Indiquer le prix du fret avant et après l'exécution des travaux.

RÉPONSES des Commissions d'Enquête de		RÉPONSES de la Commission
DE LA SEINE-INFÉRIEURE.	DE L'EURE.	NAUTIQUE.
Oui ;—à l'unanimité.	Oui ;—à l'unanimité.	Oui ;—à l'unanimité
Non ;—à l'unanimité.	Non ;—à l'unanimité.	Non ;—à l'unanimité.
Oui ;—à l'unanimité.	Oui ;—à l'unanimité.	(1)
Oui ;—à l'unanimité.	Oui ;—à l'unanimité.	Oui. (2)
Non ;—à l'unanimité.	Non ; – à l'unanimité.	Non ;—à l'unanimité.
Non ;—à l'unanimité.	Non ;—à l'unanimité.	Non ;— à l'unanimité.
Amélioration dans la marche des navires ; abaissement de 50 % dans le prix du fret entre la mer et Rouen.	Réponse semblable à celle de la commission de la Seine-inférieure, en signalant de plus la destruction de la barre et la suppression des naufrages entre Villequier et Quillebeuf.	Marche améliorée ; durée du trajet considérablement abrégée ; abaissement dans le prix du fret, sans pouvoir le fixer.

(1) La commission nautique a oublié de répondre à cette question, mais son intention a été de demander l'exécution des deux digues, ainsi qu'on peut en acquérir la certitude en lisant sa réponse à la question suivante.

(2) Oui, à l'unanimité ; mais plusieurs membres pensent que ce travail n'est pas urgent.

M. le Rapporteur m'a dit que les membres dissidents avaient exprimé l'avis d'ajourner ce travail, parce qu'ils pensaient que si l'on demandait l'exécution immédiate de ce chemin, cela pourrait nuire à la demande du crédit à réclamer pour les travaux projetés au-dessous de Quillebeuf.

QUESTIONS POSÉES.

3me PARTIE.—de Quillebeuf à La Roque.

8° Peut-on espérer contenir le chenal entre des digues?

9° Quel serait le meilleur tracé des digues ?

10° Jusqu'à quelle hauteur les digues devront-elle s'élever ?

11° Faut-il s'arrêter à Quillebeuf?

12° Faut-il s'arrêter à Tancarville?

13° Faut-il prolonger les digues jusqu'à La Roque?

14° Les digues laissant entr'elles un intervalle de 500^{m} à Quillebeuf, quelle devrait être leur distance à Tancarville et à La Roque, eu égard à la manœuvre des bâtiments à voiles, à la marche et à l'introduction des marées ?

RÉPONSES des Commissions d'Enquête de DE LA SEINE-INFÉRIEURE.	DE L'EURE.	RÉPONSES de la Commission NAUTIQUE.
Oui ; — à l'unanimité.	Oui ; — à l'unanimité. Cela n'est pas douteux, l'expérience le prouve.	Oui ; — à l'unanimité.
Celui des ingénieurs ; — à l'unanimité.	Celui des ingénieurs ; — à l'unanimité.	Celui des ingénieurs. (1)
Successivement, et jusqu'au niveau des pleines mers de morte-eau ; — à l'unanimité.	Au moment de leur construction, jusqu'à la hauteur de la pleine mer de morte-eau, et les élever ensuite progressivement à mesure que les atterrissements s'élèveront ; — à l'unanimité.	Au niveau des pleines mers de morte-eau ; — à l'unanimité.
Non ; — à l'unanimité.	Non ; — à l'unanimité.	Non ; — à l'unanimité.
Oui, pour la digue droite ; non, pour la digue gauche ; — à l'unanimité.	Même réponse ; — à l'unanimité.	Même réponse ; — à l'unanimité.
La digue droite, non ; la digue gauche, oui ; — à l'unanimité.	Idem.	Idem.
Les digues laissant à Quillebeuf un intervalle de 450m et non de 500m, l'intervalle, à Tancarville, devra être de 5 à 600m ; mais ce n'est qu'en cours d'exécution qu'une surveillance attentive pourra indiquer la véritable largeur à donner pour atteindre le triple but. La digue droite devant s'arrêter à Tancarville, il n'y a pas lieu de s'occuper de la largeur à donner à La Roque.	L'intervalle entre les digues à Quillebeuf est seulement de 450m ; il faut s'en féliciter, car cette largeur est suffisante tant pour la manœuvre que pour l'introduction des marées. Les digues devront laisser entr'elles, à Tancarville, un espace de 500m. Il n'y a pas lieu de s'occuper de l'intervalle à laisser entre les digues à La Roque, dès l'instant que la digue droite doit s'arrêter à Tancarville.	De 5 à 600m, à Tancarville. Quant à la largeur à la pointe de La Roque, la commission n'a pas à s'en occuper, puisque la digue, rive droite, ne doit pas se prolonger jusque-là.

(1) Un membre propose de modifier le tracé et de le porter plus au nord, si le banc dit des Ors, signalé par les pilotes de Quillebeuf, existe réellement. Ce même avis a été exprimé par les commissions d'enquête.

QUESTIONS POSÉES.

15° Comment faut-il terminer les digues : par des fanaux, des amers ou des balises ?

16° Quel avantage ces travaux procureraient-ils à la navigation ascendante et descendante ?

17° Quel serait probablement le tirant d'eau des navires pouvant remonter jusqu'à Rouen, en morte-eau ?

18° Quelle pourrait être l'influence des digues sur la barre, sur les courants et sur les rives ?

19° Quelle influence sur le port de Rouen ?

REPONSES des Commissions d'Enquête de DE LA SEINE-INFÉRIEURE.	DE L'EURE.	RÉPONSES de la Commission NAUTIQUE.
A l'unanimité; provisoirement par des balises ou bouées, mais le plus tôt possible, par des feux flottants ou fixes de couleurs différentes.	A l'unanimité; par des fanaux.	A l'unanimité; par deux fanaux de diverses couleurs, l'un vis-à-vis de l'autre, à Tancarville, de manière à bien marquer l'embouchure du chenal.
A l'unanimité; augmentation de tonnage des navires pouvant remonter la Seine; amélioration et accroissement de sureté dans leur navigation.	A l'unanimité; plus de profondeur d'eau; un chenal fixe et régulier; fixation du chenal sur la rive gauche, entre La Roque, Berville et Honfleur, qui est, sans contredit, la meilleure de toutes les directions.	A l'unanimité; étendre jusqu'à La Roque les avantages déjà obtenus entre Villequier et Quillebeuf; plus de profondeur d'eau, plus de rapidité dans les trajets et beaucoup moins de dangers.
A l'unanimité; au moins 5m après le draguage du banc des meules.	A l'unanimité; de 4m au moins.	A l'unanimité; 4m seulement, si le banc des Ors signalé par les pilotes de Quillebeuf existe réellement; plus grand, si ce banc n'existe pas ou si on peut l'éviter.
A l'unanimité; la suppression de la barre, la fixité du courant et la conservation des rives.	A l'unanimité; même réponse que la commission de la Seine-Inférieure, en ajoutant de plus: la formation d'alluvions d'une valeur très considérable.	A l'unanimité; entre les digues, suppression de la barre et régularisation des courants et des rives; à l'ouest des digues, peu d'effet.
A l'unanimité; une remonte plus grande et plus rapide du flot, et une augmentation dans la durée de l'étale.	A l'unanimité; de le rendre accessible à des bâtiments d'un tonnage beaucoup plus fort que celui des navires qui peuvent y arriver aujourd'hui, et d'y prolonger la durée de la marée déjà augmentée par les travaux aujourd'hui exécutés.	Favorable sous le rapport commercial; à peu près nulle sous le rapport de l'étiage.

QUESTIONS POSÉES.

20° Quelle influence sur les ports du Havre, d'Honfleur et d'Harfleur?

21° Quelle influence sur la baie de Seine?

22° Quelle influence sur la Risle et sur Pont-Audemer?

4e PARTIE. — De La Roque au Havre.

23° Quel est le tirant d'eau des navires pouvant remonter aujourd'hui, en morte-eau, de la mer à La Roque?

24 Quelles sont les directions et la situation des principaux courants de flot et de jusant entre la mer et Quillebeuf?

RÉPONSES des Commissions d'Enquête de DE LA SEINE-INFÉRIEURE.	DE L'EURE.	RÉPONSES de la Commission NAUTIQUE.
A l'unanimité; aucune sur les ports du Havre et d'Harfleur; favorable à Honfleur, si le chenal se fixe au sud.	A l'unanimité; bonne pour le Havre, si le chenal se maintient sur la rive sud, nulle dans le cas contraire; nulle dans tous les cas pour Harfleur; utile pour le port d'Honfleur.	A l'unanimité; nulle sous tous les rapports, si le chenal continue à se promener d'un bord à l'autre de l'embouchure; favorable à Honfleur.
A l'unanimité; amélioration de la baie par la diminution du sable qui l'encombre et dont une partie ira se loger derrière les digues.	A l'unanimité; favorable par la raison donnée par la commission de la Seine-Inférieure, et par ce que le principal courant sera plus fort.	Nulle.
A l'unanimité; très favorable.	A l'unanimité; très bonne, parce que le principal courant se trouvera fixé au sud, et que l'embouchure de la Risle sera dégagée des bancs de sable, ce qui rendra aussi plus utiles les travaux aujourd'hui en exécution le long de cette rivière.	A l'unanimité; nulle, si le chenal reste variable de position, comme par le passé; favorable, s'il se fixe sur la rive sud, à partir de La Roque.
A l'unanimité; de 3m 90 à 4m 20.	A l'unanimité; de 4m.	A l'unanimité; de 3m 90 à 4m 20.
De mémoire d'homme, le chenal a couru, dans l'ensemble, beaucoup plus longtemps le long de la côte sud que dans toute autre direction; c'est là aussi que sa direction a toujours eu le plus de suite et qu'il a toujours été le meilleur. Les autres directions, soit par le nord, soit au milieu, n'ont jamais été qu'accidentelles et de peu de durée, et sont moins favorables à la navigation; toutes vont à peu près est et ouest.	La direction est très variable; cependant, la plus ordinaire, la plus naturelle et en même temps la meilleure pour la navigation, est conforme à celle que les travaux projetés ont pour but de rendre fixe et permanente.	Au-dessous du niveau des mi-marées, c'est la direction variable des chenaux; au-dessus du niveau des mi-marées, c'est la direction est et ouest.

Telles sont les réponses, sans développements, qui ont été faites, TOUTES A L'UNANIMITÉ, par les Commissaires enquêteurs. Voici maintenant les faits, les raisons, les considérations qui ont motivé ces réponses.

Le banc des Meules, disent tous les Commissaires, est un obstacle à la navigation, car il est à présent le haut fond le plus élevé entre Quillebeuf et Rouen.

Cette assertion est exacte, car la hauteur de l'eau *au-dessous de l'étiage* dépasse partout quatre mètres cinquante centimètres (4^m 50) entre Rouen et La Mailleraye; elle est au moins de trois mètres soixante-six centimètres (3^m 66) entre Villequier et Quillebeuf, et elle n'est que de deux mètres trente centimètres (2^m 30) sur le banc des Meules, qui, comme on le sait, est situé entre Villequier et La Mailleraye, un peu au-dessous de Caudebec.

Cet état de choses fait que des navires venant du Havre, qui ont franchi sans difficulté l'intervalle compris entre Quillebeuf et Villequier, qui était autrefois le passage difficile, sont obligés d'attendre dans ce dernier port l'arrivée du flot, pour pouvoir continuer leur marche vers Rouen, ce qui occasionne une perte de temps et d'argent.

On ne saurait dire que ce banc peut être évité, car l'intervalle qui le sépare de la rive n'est pas assez large pour permettre à un navire de le franchir sans danger, et, dans tous les cas, il ne l'est pas assez pour permettre à des navires de louvoyer.

Ce passage doit donc être amélioré.

L'enlèvement de ce banc, disent encore les membres des trois commissions, doit être exécuté au moyen d'un draguage, et son enlèvement ne peut avoir aucune influence sur le régime de la rivière, en amont, notamment au port de Rouen, et lors même qu'il en aurait une, lors même que la profondeur du fleuve, à Rouen, éprouverait une légère diminution, il n'en résulterait aucun inconvénient, parce que cette profondeur est plus considérable que cela est nécessaire.

Tout autorise à penser qu'il en sera ainsi, c'est-à-dire que l'enlèvement du banc des Meules exercera une faible influence sur la hauteur des eaux en amont, car ce banc ne traverse pas tout le lit de la rivière; il ne forme pas un barrage, et, d'ailleurs, on remarque une faible différence dans la pente des eaux, de La Mailleraye à Caudebec.

Les commissions disent encore qu'il convient de faire des digues longitudinales entre La Mailleraye et Villequier; d'une part, parce que, le fleuve étant trop large dans cette partie de son cours, son lit n'a pas assez de profondeur, et, de l'autre, parce que la construction d'une seule digue serait un travail tout-à-fait inutile, attendu que, les eaux n'étant pas contenues, des amas de sable se formeraient dans le lit tout entier, comme ils se forment aujourd'hui.

Ces considérations sont celles que j'avais présentées en faveur du projet, dans mon rapport du 14 février, et elles sont si puissantes que je n'hésite pas à dire que ce travail est le plus utile de ceux à exécuter le long de la Seine; que le draguage du banc des meules, sans la construction de deux digues, serait très probablement un travail inutile, parce que la fouille faite serait bientôt comblée par un amas de sable, tandis que les digues une fois construites, l'approfondissement obtenu par le draguage, si on l'opère (1), sera stable et durable.

Quoi qu'il en soit, il faut le dire et le répéter, ce n'est que par la construction des deux digues projetées entre La Mailleraye et Caudebec, que l'on peut assurer, sur ce point de la Seine, un mouillage permanent à la navigation, et cela par la raison que j'ai déjà fait valoir dans mon rapport du 14 février

(1) Il est possible que les digues opèrent seules l'approfondissement désiré.

dernier; que, le long des rivières à marées, il ne faut pas que l'action du flot puisse être en partie détruite par une trop grande largeur donnée au lit d'une rivière; qu'il ne faut pas qu'il y ait des parties saillantes ou des parties rentrantes, car les parties saillantes dévient son cours, car les parties rentrantes l'appellent vers elles, et parce qu'une fois qu'il y a pénétré, il n'en sort qu'en poussant devant lui, qu'en emportant dans le chenal navigable les sables qu'il a remués et dont il s'est chargé dans ces anses. Des faits nombreux sont là pour justifier cette assertion.

Il résulte des observations qui précèdent, que la construction des deux digues projetées entre La Mailleraye et Caudebec devra précéder le draguage du banc des Meules, qui serait exécuté au milieu du chenal sur 100^m environ de largeur, et de manière à obtenir sur cette largeur une profondeur d'eau de 3^m 50 au-dessous de l'étiage. Ce draguage sera facile, car, ainsi que je l'ai dit dans mon rapport du 14 février, le banc à enlever n'est pas un rocher, comme on le croyait, mais un amas de cailloux siliceux et de galets calcaires.

Les commissions demandent encore d'ajouter à ces digues un chemin de halage, c'est-à-dire que, conformément au projet que j'ai présenté, un chemin de halage soit construit sur la rive gauche, entre La Mailleraye et l'île de Belcinac, située vis-à-vis de Villequier; mais que ce chemin ne soit fait derrière la digue à construire sur cette rive, que lorsque les alluvions auront atteint la hauteur même de cette digue qui formera pour ainsi dire le pied de ce chemin.

Cette demande est motivée par la considération que les travaux déjà faits et ceux projetés au-dessous de Quillebeuf, en améliorant le fleuve, rendront l'emploi des remorqueurs moins fréquent qu'il ne l'est aujourd'hui.

Je ne sais si cela aura lieu, mais ce qui est certain, c'est qu'un remorqueur partant du Havre, peut conduire des navires jusqu'à Villequier et retourner de suite sans s'arrêter au Havre, tandis qu'il ne le peut pas lorsque le remorquage est poussé jusqu'à la Mailleraye ; d'où il résulte évidemment qu'il serait utile que le chemin de halage qui va de Rouen à la Mailleraye, fût continué jusqu'à Villequier ; et d'ailleurs, par la même raison qu'il faut améliorer les lignes navigables qui suivent à peu près les directions des chemins de fer, afin d'empêcher l'exercice d'un véritable monopole par les détenteurs des voies ferrées, il faut, autant que possible, construire des chemins de halage le long des rivières qui peuvent être suivies par des remorqueurs, afin d'éviter un autre monopole

Je passe à la deuxième série des questions posées par M. le Ministre des Travaux publics, qui se rattachent aux travaux exécutés entre Villequier et Quillebeuf.

M. le Ministre demande si l'endiguement de la Seine, entre Villequier et Quillebeuf, a produit un abaissement d'eau sensible à Villequier, à Rouen, à Elbeuf, et les trois commissions répondent, à l'unanimité : *Non ;* car depuis l'exécution des travaux, des navires tirant $4^m\ 33^c$, remontent facilement à Rouen, tandis qu'avant les endiguements, les navires calant $3^m\ 00^c$ ne pouvaient pas toujours remonter sans alléger. Quoiqu'il en soit, ajoute la commission de la Seine-Inférieure, lors même que l'abaissement signalé aurait eu lieu réellement, lors même qu'il serait encore plus grand, il ne mériterait pas d'être pris en considération, à cause de la grande profondeur des eaux dans tout le parcours indiqué, et parce qu'il y aurait une ample compensation dans la montée plus prompte du flot, dans l'augmentation de durée de son étale, et dans son action au-dessus de Rouen.

Cette question sur l'abaissement des eaux m'a vivement préoccupé, moins en vue de la navigation au-dessous de Rouen et de la hauteur des eaux dans son port, parce que, quel que soit cet abaissement, il ne pourra pas nuire à la marche des navires et à leur tenue dans ce bassin, qu'en ce qui concerne la navigation au-dessus de Rouen, et de l'effet qu'un abaissement quelconque pourrait avoir sur les fondations des murs de quai de cette ville. Or, voici ce qui a eu lieu, ce qui a lieu et ce que l'on peut présumer qu'il arrivera par l'exécution des digues aujourd'hui projetées au-dessous de Quillebeuf.

Le pont de pierre à Rouen a été construit dans l'hypothèse que l'étiage de la Seine était celui qui avait été constaté en 1804, c'est-à-dire était situé à 6m 22 au-dessous des hautes eaux de 1740, niveau auquel sont rapportées toutes les constructions, toutes les observations faites dans ce port.

Depuis cette époque, les eaux n'étant jamais descendues aussi bas, on a regardé comme l'étiage ordinaire le niveau situé à 5m 70 au-dessous des eaux de 1740, c'est-à-dire que l'on a pris pour étiage un niveau situé à 0m 52 au-dessus de celui constaté en 1804, et c'est de cet étiage dont il a été fait mention dans les divers projets de quai qui ont été dressés, et sur lesquels l'administration a eu à se prononcer.

Cependant, si le mot *étiage* signifie, comme cela doit avoir lieu, les plus basses eaux observées, on a eu tort de désigner un étiage autre que celui de 1804, car, maintes fois, les eaux sont descendues au-dessous de l'étiage, fixé à 5m 70 au-dessous des hautes eaux de 1740, notamment d'après les observations faites chaque jour, depuis l'année 1838, en 1838, 1839, 1842, 1846 et 1849, savoir :

En août 1838, de	0m 06
En septembre 1838, de	0 15
En août 1839, de	0 04
En août 1842, de	0 11
En septembre 1842, de	0 17
En octobre 1842, de	0 08
En septembre 1846, de	0 04
En août 1849, de	0 20

En septembre 1849, de 0 28
En octobre 1849, de. 0 02

Quoi qu'il en soit, il résultait des plus grands abaissements constatés au port de Rouen depuis 1838 (voyez le tableau C joint à ce rapport), d'une part, qu'avant 1850, les eaux n'étaient jamais descendues au niveau de l'étiage fixé à 6^{m} 22 au-dessous des hautes eaux de 1740; et de l'autre, que si, en 1849, les eaux étaient descendues de 0^{m} 11 au-dessous de celles observées en 1842, on pouvait attribuer cet abaissement à l'appauvrissement général de la Seine et des cours d'eau qui l'alimentent, et non aux travaux exécutés au-dessous de Villequier. On était d'autant plus porté à tirer cette conclusion, qu'en fait, on n'avait constaté à Villequier, en 1849, qu'un abaissement de *un centimètre* au-dessous de l'étiage, et que les eaux étaient descendues cette même année, à diverses reprises, à Mantes, au-dessous des plus basses eaux notées.

Ces observations autorisaient à penser et à soutenir que les travaux exécutés au-dessous de Villequier n'avaient apporté aucune modification sensible dans la hauteur des eaux entre Villequier et Rouen, et même au-dessus de cette ville, mais il s'est produit depuis le mois d'août dernier des faits qui autorisent à penser que les travaux faits en 1850 ont changé cet état de choses.

M. Beaulieu a constaté que le 16 septembre, les eaux se sont abaissées au-dessous de l'étiage :

A Villequier, de . . . . 0^{m} 22
A Duclair, de 0 30
A la Bouille, de 0 35

D'un autre côté, les abaissements observés dans le port de Rouen, au-dessous de l'étiage, fixé à 5^{m} 70 au-dessous des eaux de 1740, ont été :

Les 4 et 6 juillet, de . . . . 0^{m}04
Le 3 août, de 0 16
Le 16 septembre, de 0 41 (1)
Le 15 octobre, de 0 15

Il résulte déjà de ces observations que les eaux qui, en 1849, ne s'étaient abaissées à Villequier que de 0^{m} 01^{c} au-dessous de l'étiage, sont descendues en septembre 1850 à 0^{m} 22^{c} au-dessous du même étiage, et que, dans cette même année 1850, elles sont descendues dans le mois de septembre, dans le port de Rouen, à 0^{m}41 au-dessous de l'étiage, c'est-à-dire à 0^{m} 13 plus bas que dans l'année 1849.

Quelques personnes attribuent cet abaissement à une série de vents d'est qui se sont fait sentir pendant les quinze premiers jours du mois de septembre. Ces vents ont bien certainement exercé une grande influence sur les abaissements constatés, mais on ne doit pas attribuer à cette cause seule cette diminution de hauteur d'eau.

Au reste, ces abaissements pourraient être attribués à l'action seule de ces vents, si les eaux de la Seine, dans la partie supérieure à Rouen, à Mantes, par exemple, avaient éprouvé elles-mêmes un abaissement en harmonie avec ceux constatés à Rouen et au-dessous de ce port; mais il en est tout autrement. Il faut dès-lors en conclure que les travaux exécutés au-dessous de Villequier ont produit un abaissement dans le niveau des eaux.

Recherchons quel peut être cet abaissement à Rouen et au-dessus de cette ville, car, ainsi que je l'ai déjà dit, la hauteur de l'eau entre Rouen et Villequier est telle que l'on ne doit

---

(1) On remarquera sans-doute que le même jour, le 16 septembre, les abaissements vont en augmentant de Villequier à Rouen. Cela tient à ce que lorsque le flot se fait sentir à Villequier, les eaux continuent de baisser au-dessus de ce point, pendant tout le temps que le flot met à parcourir l'espace compris entre le point où il commence à agir et celui que l'on considère.

pas se préoccuper de l'abaissement qui a eu lieu sur cette partie de la Seine; ce qui est du reste justifié par ce fait : que des navires, calant 4 ^{m} 33, ont franchi cette distance cette année sans difficultés et à toutes les marées.

Disons, avant tout, que les travaux exécutés au-dessus de Rouen, que les draguages faits récemment dans le bras de Marteau, ont fait baisser sensiblement les eaux à Pont-de-l'Arche; ce qui rend impossible toute espèce de comparaison entre ces deux points avec ce qui avait lieu autrefois et ce qui a lieu aujourd'hui.

Ajoutons qu'en amont d'Oissel jusqu'à Pont-de-l'Arche, la navigation est facile et restera telle, à moins que la pente, déjà très grande, qui existe dans le pertuis de Marteau, ne se trouve augmentée, ce qui au reste est fort peu probable, parce que l'abaissement, s'il a lieu, devra être sensiblement parallèle dans les deux kilomètres de longueur du bras navigable connu sous ce nom.

Rappelons, enfin, que depuis longtemps on se plaint des obstacles que la navigation éprouve entre Rouen et Oissel, vis-à-vis les îles Longboël et Saint-Martin, et qu'il est nécessaire de faire des draguages sur ces deux points.

Cela posé, recherchons quel peut être l'abaissement des eaux à Rouen et à Oissel.

Pour indiquer ces abaissements, il suffira de constater ce qu'étaient les eaux à ces deux points avant et après les travaux.

Pour faciliter cette comparaison, je rapporterai à l'étiage et à un même plan les eaux observées à Oissel et à Rouen, les jours où, depuis 1846, les eaux ont été constatées les plus basses dans cette ville.

Je n'indique pas ce qui a eu lieu avant 1846, car ce n'est que depuis le 1er avril 1847 que l'on fait des observations à Oissel.

Le plan de comparaison que j'ai choisi, est celui de M. Bleschamp, qui passe à 50 mètres au-dessus du niveau légal du bassin de La Villette à Paris.

Le zéro de l'échelle placée, à Oissel, est à la cote 100^{m}99 de ce nivellement général. L'étiage est à la cote 99^{m}92, c'est-à-dire que le zéro de l'échelle est à 1^{m}07 au-dessous de l'étiage.

A Rouen, l'étiage ordinaire, auquel sont rapportées toutes les observations faites dans ce port, est à 5^{m}70 au-dessous des hautes eaux de 1740, et porte la cote 100^{m}144 dans le nivellement de M. Bleschamp.

Cela posé, voici un tableau qui indique les hauteurs d'eau observées à Rouen et à Oissel avant et depuis les travaux faits au-dessous de Villequier.

DÉSIGNATION des Années et des Jours d'observation.	OISSEL.					ROUEN.				Différences entre Oissel et Rouen, ou Pentes entre ces deux points.
	ORDONNÉE du Zéro de l'échelle.	ORDONNÉE de l'étiage.	COTES des eaux observées au-dessus de l'étiage.	COTES des eaux observées au-dessous de l'étiage.	COTES des eaux rapportées au plan de comparaison de M. Bleschamp.	ORDONNÉE de l'étiage au port de Rouen.	COTES des eaux observées au-dessus de l'étiage.	COTES des eaux observées au-dessous de l'étiage.	COTES des eaux rapportées au plan de comparaison de M. Bleschamp.	
1847. — 21 août.	100 m, 99	99m, 92	0m, 44	»	99m, 48	100m, 144	0m, 33	»	99m, 814	0m, 334
— — 20 sept.	»	»	0, 48	»	99, 44	»	0, 39	»	99, 754	0, 314
1848. — 9 août.	»	»	0, 20	»	99, 70	»	0, 14	»	100, 004	0, 304
— — 8 sept.	»	»	0, 19	»	99, 73	»	0, 08	»	100, 064	0, 334
1849. — 29 août.	»	»	»	0m, 11	100, 03	»	»	0, 20	100, 344	0, 314
— — 27 sept.	»	»	»	0, 18	100, 10	»	»	0, 28	100, 424	0, 324
1850. — 16 sept.	»	»	»	0, 07	99, 99	»	»	0, 41	100, 554	0, 564

Ce tableau apprend que les différences de hauteur d'eau observées à Oissel et à Rouen, ou, ce qui revient au même, que les pentes qui ont existé entre ces deux points sont restées, à deux centimètres près, les mêmes en 1847, 1848 et 1849, et que ce n'est qu'en 1850 que la pente a augmenté de 0 m 24.

D'où il faut conclure, d'une part, que j'avais raison de soutenir au commencement de cette année que les travaux faits au-dessous de Villequier n'avaient pas fait baisser les eaux en 1849 dans le port de Rouen, et, de l'autre, que les travaux exécutés en 1850 ont produit un effet contraire, et ont fait baisser les eaux de 0 m 24 dans ce même port.

Voilà une première donnée.

Maintenant, si l'on a recours au tableau C qui indique les plus hautes et les plus basses eaux observées à Rouen, chaque mois, de 1838 au 1er novembre de cette année, on remarquera qu'avant l'exécution des travaux, l'eau la plus basse a eu lieu dans le mois de septembre de l'année 1842, et qu'à cette époque l'eau est descendue à 5 m 87 au-dessous des eaux de 1740, ou de 0 m 17 au-dessous de l'étiage. Or, comme en 1850, l'abaissement au-dessous de ce même étiage a été de 0 m 41, on trouve, en comparant ces deux abaissements, une différence en plus, pour l'année 1850, de 0 m 24 c qui, comme on le voit, est exactement celle trouvée ci-dessus.

Ainsi, en mettant tout-à-fait de côté l'influence des vents d'est, on voit que le plus grand abaissement dans le port de Rouen serait d'environ 0 m 24.

L'abaissement constaté à Rouen a dû avoir une influence sur les eaux à Oissel; mais cette influence a été peu importante, et si la navigation a éprouvé quelques difficultés entre ces deux points, en face de Belbeuf et à Oissel, cela tient, ainsi que je l'ai fait pressentir ci-dessus, moins aux travaux faits au dessous de Villequier qu'à un état de choses dont on se plaint depuis longtemps, et à ce qu'il est absolument nécessaire de faire des draguages sur ces deux points.

Tel est l'abaissement d'eau insignifiant que les travaux exécutés entre Villequier et Quillebeuf ont produit dans le port de Rouen et au-dessus. Je dis insignifiant, car cet abaissement ne saurait nuire à la tenue des navires dans ce port, qui a de 8 à 9^{m} de hauteur d'eau au-dessous de l'étiage, ni à la navigation au-dessus de cette ville.

Au reste, il ne faut pas perdre de vue que l'abaissement signalé, l'abaissement de 0^{m} 24, est un abaissement maximum qui n'a duré que quelques instants, et que cet inconvénient a été largement racheté par les avantages obtenus par les travaux exécutés au-dessous de Villequier.

1° D'avoir facilité l'introduction et la durée du flot qui, avant les travaux, n'était dans le port de Rouen que de 2 h. 12′ 10″ et qui est aujourd'hui de 2 h. 41′ 30″, c'est-à-dire d'une demi-heure de plus.

2° D'avoir augmenté de 0^{m} 17 la tranche d'eau introduite par la marée, car cette tranche d'eau qui de 1838 à 1849 n'avait moyennement que 0^{m} 736 de hauteur, est aujourd'hui de 0^{m} 90 (*Voir le tableau récapitulatif F*).

3° D'avoir rendu les marées de morte-eau sensibles, tandis qu'elles ne l'étaient pas avant les travaux, car ces marées ne se faisaient guère sentir dans ce port que de 0^{m} 00, 0^{m} 05, 0^{m} 10 avant les travaux, tandis qu'aujourd'hui leur hauteur *minima* est de 40 centimètres.

L'abaissement se trouve donc largement compensé au moment de la marée, car il n'est pas douteux que l'augmentation de hauteur de la tranche d'eau constatée à Rouen se fait sentir au-dessus de cette ville.

Mais, dit-on, si les travaux faits jusqu'à ce jour au-dessous de Villequier n'ont pas apporté de perturbation dans la navigation au-dessus de Rouen, ceux projetés au-dessous de Quillebeuf pourront bien le faire.

Je me hâte de dire que je ne puis pas répondre d'une manière claire et précise à cette objection, c'est-à-dire que je ne puis pas fixer *à priori* par le calcul l'abaissement réel que les nouveaux travaux produiront. La raison en est toute simple, c'est que tous les calculs que l'on pourrait faire à cet égard seraient bientôt démentis par l'expérience ; en voici la preuve.

Lors de la présentation du projet des travaux à faire entre Villequier et Quillebeuf, on me disait : « qu'à un approfondis-
« sement d'un mètre sur la traverse, répondrait un amaigrisse-
« ment à peu près de même hauteur dans la partie de la Seine
« comprise entre Villequier et Rouen, parceque la traverse
« faisait seuil, et retenait à chaque marée les eaux qui sont
« entrées en Seine par le flot, et qui, sans elle, s'écouleraient
« à la mer. »

Eh bien ! les travaux sont aujourd'hui exécutés, la traverse n'a pas été approfondie de *un mètre*, mais de *trois mètres*, et l'abaissement dans le port de Rouen n'est que de *vingt-quatre centimètres*. Ainsi pour un mètre de profondeur sur la traverse de Villequier, il n'y pas eu dans le port de Rouen un abaissement de *un mètre*, mais seulement de *huit centimètres*

Plusieurs causes ont concouru à produire ce résultat.

En premier lieu, c'est, ainsi que je l'avançais à la page 21 de mon rapport imprimé du 26 janvier 1846, parce que, à un approfondissement sur la largeur du chenal créé entre les digues, a correspondu un exhaussement dans la traverse hors du chenal, sur tous les bancs qui sont situés derrière les digues, sur tout l'espace compris entr'elles et les terres cultivées, exhaussement qui a fait plus que compenser l'augmentation de section produite en profondeur dans le chenal créé.

En second lieu, c'est parce qu'il y a, au-dessous de Quillebeuf, des bancs de sable qui forment barrage et qui maintiennent les eaux au-dessus du point qu'elles devraient atteindre, si ces bancs n'existaient pas.

En troisième lieu, c'est parce que la marée exerce une très grande influence sur les eaux, qu'elle forme une véritable retenue, et que cette retenue est allée en augmentant, à mesure que la propagation du flot a été plus facile et sa hauteur plus grande.

Or, ce qui a eu lieu pour les travaux exécutés entre Villequier et Quillebeuf se reproduira avec ceux aujourd'hui projetés au-dessous de ce port. Les alluvions qui se déposeront derrière les digues, les bancs qui sont situés au dessous de Tancarville, et le flot dont la propagation sera encore plus facile et dont la hauteur sera encore plus grande, seront des causes qui diminueront, dans le port de Rouen, l'abaissement d'eau que l'on pourrait craindre

Si toutes ces causes n'existaient pas, si la Seine était maintenue jusqu'à la mer dans un canal régulier, il n'y a pas de doute qu'un approfondissement opéré sur un point de ce canal produirait un abaissement d'eau proportionnel dans sa partie supérieure; mais il en est ici tout autrement, les causes que je viens de signaler empêchent qu'il en soit ainsi, et chacune de ces causes est si variable d'un moment à l'autre, qu'il est vraiment impossible de les soumettre au calcul.

Ce que l'on peut dire, c'est que l'abaissement réel sera moins grand que celui que l'on pourrait supposer. Toutefois, s'il n'est pas possible de fixer la limite *minimum* de cet abaissement, on peut, à très peu de chose près, indiquer quel sera l'abaissement *maximum*, ce qui est la chose essentielle.

Nous avons vu qu'à un approfondissement de *un mètre* dans la traverse de Villequier, avait correspondu un abaissement de *huit centimètres* dans le port de Rouen. Cela posé, si l'on admet que la même proportion existera pour les abaissements qui auront lieu au-dessous de Quillebeuf, il ne restera plus qu'à déterminer quel pourra être l'abaissement *maximum* entre les digues à construire entre Quillebeuf et Tancarville. Or, cela est très facile.

Si l'on veut bien, en effet, se reporter aux forages qui ont été faits entre Quillebeuf et Tancarville (voyez les tableaux graphiques, pièces cotées A8 et A9), on remarquera que, d'après le forage n° 1, fait en juin et en juillet derniers, et les forages n°s 6 et 3, faits dans le mois de septembre, en travers de la Seine, dans le prolongement de la pointe de Quillebeuf, on trouve, au-dessous des eaux, une couche de sable qui a, à ces points, 1^m 55, 0^m 38 et 4^m 42 d'épaisseur, ou en moyenne 2^m 11, et qu'au-dessous de ce sable, on rencontre un rocher dur.

Il résulte évidemment de là que ce rocher qui a une étendue considérable et dont je parlerai plus bas, mais qui, en fait, se trouvera entre les deux digues à construire, formera une retenue qui ne saurait être abaissée. En sorte qu'en supposant que les digues, une fois faites, les courants de flot et de jusant fassent disparaître complètement la couche de sable dont je viens de parler, l'abaissement le plus grand sur ce point sera de 2^m, auquel devra correspondre, d'après l'hypothèse que nous avons faite, un abaissement de *seize centimètres* dans le port de Rouen, qui, étant ajoutés aux *vingt-quatre centimètres* d'abaissement produit dans ce port par les travaux faits entre Villequier et Quillebeuf, donnera un abaissement total de *quarante centimètres*.

Avant de parler des conséquences d'un pareil abaissement, je crois devoir faire remarquer que si l'abaissement que je viens de supposer devoir se produire à Quillebeuf a réellement lieu, cela ne sera pas nouveau, car, ainsi que le pilote Legoffe et l'ancien pilote Durand l'ont dit devant la commission nautique, la roche Mouton, qui fait partie du banc dont j'ai parlé ci-dessus, découvrait en 1807, 1808, 1811 ou 1812, de 18 pouces

(0m 49), tandis que maintenant il reste au-dessus d'elle 1m d'eau de basse-mer. D'où il faut conclure encore qu'aux époques que je viens de citer, les eaux s'abaissaient de plus de 1m au-dessous du niveau auquel elles se maintiennent aujourd'hui, et par conséquent que si les travaux projetés déterminaient un abaissement de 1m 50 seulement, on se trouverait à peu près dans des conditions où l'on s'est trouvé quelquefois.

Quoiqu'il en soit, admettons l'abaissement *maximum* de 40 c. dans le port de Rouen, et voyons ce qu'il pourra produire.

Si l'abaissement de 0m 40 était constant, il n'y a pas le moindre doute qu'il gênerait la navigation au-dessus de Rouen jusqu'à Oissel, mais comme cet abaissement ne pourra avoir lieu que rarement, et même que durant quelques instants de certaines heures de deux mois, août et septembre, on voit qu'il ne saurait être réellement nuisible et qu'il le sera d'autant moins que la marée viendra promptement remplacer cet abaissement d'eau momentané. La marée, en effet, autrefois insensible à Rouen dans les pleines mers de morte-eau, produit au moins aujourd'hui une tranche d'eau de 0m 40 de hauteur, et dans les vives eaux de 1m 40, hauteurs qui ont incontestablement une influence bien marquée sur la hauteur des eaux au-dessus de Rouen.

L'abaissement maximum que je viens de signaler ne saurait d'ailleurs nuire à la tenue des navires dans le port de Rouen, puisqu'il y a dans ce port de 8 à 9m de hauteur d'eau au-dessous de l'étiage.

On est donc en droit de dire : il faut continuer les travaux au-dessous de Quillebeuf, il faut exécuter le projet présenté, mais il faut aussi continuer à tenir très exactement note des plus basses eaux de chaque jour, et si, contre toutes les prévisions, l'abaissement devenait plus grand que celui que l'on prévoit, en faire de suite part à M. le Ministre des Travaux publics qui, dans sa sagesse, déciderait ce qu'il faudrait faire.

Toutefois, il ne faut pas le dissimuler, si les travaux déjà exécutés au-dessus de Quillebeuf, et si ceux projetés au-dessous de ce port ne peuvent avoir aucune influence sur la tenue des navires dans le port de Rouen, ils feront apporter des changements dans leur forme et leurs dimensions. Au petit cabotage succèdera le grand cabotage, et les navires tirant de 2 à 3m d'eau seront en grande partie remplacés par des navires calant de 4 à 5m.

Il reste dès lors à voir si ce résultat heureux n'exigera pas que l'on fasse quelques modifications aux murs qui entourent le port de Rouen.

Les murs de quai de ce port ont ensemble un développement égal à 3,107m répartis ainsi qu'il suit :

	En maçonnerie.	En estacades.	Longueurs totales.
1° *Dans la partie fluviale, c'est-à-dire au-dessus du pont suspendu.*			
1° Sur la rive droite.	395m	113m	508m
2° Sur la rive gauche.	385	89	474
2° *Dans la partie maritime, c'est-à-dire au-dessous du pont suspendu.*			
1° Sur la rive droite	1,217	73	1,290
2° Sur la rive gauche.	835	»	835
Total	2,832	275	3,107

Les 2,832m de longueur de quais en maçonnerie sont établis aux profondeurs ci-après :

1° Au-dessous de l'étiage de 1804, fixé à 6m 22 au-dessous des hautes eaux de 1740 . . . . 288m

2° Sur pilotis, et dont la plate forme est établie au niveau de l'étiage ordinaire 1,600

A reporter. 1,888

Report. . . .	1,888^{m}
3° Sur béton, et défendus par des pieux jointifs récépés au niveau de l'étiage ordinaire	800
4° Sur le sol naturel, et protégés par une file de pieux jointifs	144
Total comme ci-dessus	2,832^{m}

On voit, d'après cet exposé, qu'à l'exception d'une longueur de 288^{m}, les fondations des murs de quai de Rouen sont établies au niveau de l'étiage ordinaire, c'est-à-dire à 5^{m} 70 au-dessous des hautes eaux de 1740.

Il résulte de là, que l'on ne peut pas faire des draguages le long de ces murs, et qu'il n'existe pas par conséquent à leur pied une grande profondeur d'eau. Le sol y est, en effet, seulement à un mètre au-dessous de l'étiage ordinaire. Ce sol va bien en s'abaissant à mesure que l'on s'éloigne de ces murs, puisque, ainsi que je l'ai déjà dit, il se trouve dans le milieu de la rivière à 8 et même à 9^{m} au-dessous de l'étiage; mais, en fait, cet abaissement est tel qu'il n'y a qu'environ 3^{m} de hauteur d'eau au-dessous de l'étiage, à 3^{m} de distance des quais.

Cette hauteur d'eau est suffisante pour la partie fluviale destinée seulement aux bateaux qui parcourent la Seine au-dessus de Rouen; elle l'est encore dans la partie maritime pour les navires calant 3^{m} d'eau, mais elle ne l'est plus pour les navires plus forts.

Ce manque de hauteur d'eau près des quais fait que les navires de 3^{m} et au-dessus ne peuvent pas toujours s'en approcher, ce qui occasionne une véritable gêne pour le chargement et le déchargement des marchandises, et si, comme tout autorise à le penser, le nombre des navires d'une dimension plus forte va toutes les années en augmentant, il sera absolument nécessaire de modifier, sinon la totalité, du moins une partie de ces murs de quai, de manière à les rendre plus accessibles aux navires. Toutefois, cette modification ne devra être faite que petit à petit, à mesure seulement que le nombre des navires de 3 à 4 et 5^{m} de tirant d'eau ira en augmentant. Il ne faut pas, du reste, perdre de vue que quelles que soient les améliorations qui seront faites dans la Basse-Seine, il arrivera toujours à Rouen des navires de 3^{m} mètres de tirant d'eau, et que l'on devra, pour ces navires, conserver une partie des murs tels qu'ils sont aujourd'hui.

Il est donc bien constant qu'il ne faudra pas refaire ou modifier les 2,052^{m} de quai qui forment à Rouen le bassin maritime. En supposant une modification sur 1,000^{m}, ce serait même faire une large part aux éventualités.

Quoi qu'il en soit, afin de faire connaître à l'administration la dépense qu'elle sera probablement forcée de faire un jour, et qu'il serait, soit dit en passant, fort heureux quelle fut obligée de faire, j'ai cherché à fixer quelle serait cette dépense par mètre courant, 1° pour les murs fondés sur pilotis, 2° pour les murs fondés sur béton.

Les calculs sont établis dans l'hypothèse que la reconstruction ou la consolidation des murs de quai serait faite de manière à établir les nouvelles fondations à 1^{m}30 au-dessous de l'étiage ordinaire, ou à 7^{m} au-dessous des hautes eaux de 1740.

Or, il résulte des estimations qui m'ont été fournies par M. l'Ingénieur Lepeuple (1) :

1° Que la dépense pour la démolition et la reconstruction des murs fondés sur pilotis, serait par mètre courant de 600 fr.

2° Que l'exécution d'une simple risberme en avant de ces murs coûterait, par mètre courant, 1,000 francs;

3° Qu'une risberme construite en avant des murs, fondés sur béton, exigerait, par mètre courant, une somme de 850 fr.;

4° Que pour avancer les murs, fondés sur béton, sur l'ali-

(1) M. Lepeuple est chargé, sous mes ordres, des travaux du port de Rouen.

gnement de cette risberme, une fois construite, sans toucher au massif du béton, il faudrait dépenser, par mètre courant, 1,000 francs;

5° Enfin, que ces mêmes murs reconstruits entièrement en avant de leur position actuelle coûteraient 1,100 francs par mètre courant.

D'après ces évaluations, on voit qu'il faudra renoncer à faire des risbermes, tant à cause des dépenses que leur construction exigerait que par l'entrave que ces saillies apportent toujours plus ou moins à l'approche des navires, et de décider à démolir et à reconstruire seulement, sur une certaine longueur, les murs actuels fondés sur pilotis, en établissant leur fondation à une plus grande profondeur (1).

Si l'on adopte cet avis, la dépense totale à faire un jour sera de 600,000 fr.

Toutefois, hâtons-nous de le dire, une modification de ces murs, sur une longueur de 300 mètres, suffirait pour bien des années, et, en l'opérant sur le mur de St.-Sever, qui est fondé sur pilotis, la dépense à faire d'ici à quatre ans serait de 180,000 fr., soit 200,000 fr.

J'aurais pu me dispenser d'indiquer cette dépense en disant par devers moi que l'on surmonterait la difficulté en disposant, comme on le fait au Havre, les navires près des murs de quai, mais je n'ai rien voulu dissimuler à l'administration; j'ai voulu qn'elle connût la vérité tout entière.

En voilà bien assez sur la question relative à l'abaissement des eaux dans le port de Rouen. Je crois que cette question est épuisée. Je fais même des excuses pour l'avoir traitée aussi longuement; mais comme je savais qu'elle préoccupait beau-

---

(1) Voyez les feuilles de dessin cotées D et E, indiquant les modifications dont il vient d'être parlé.

coup de personnes, j'ai cru devoir répondre à l'avance à toutes les observations, à toutes les objections qui pourraient être faites. Je désire avoir atteint ce but.

Les trois Commissions sont unanimes pour dire que depuis l'exécution des digues, faites entre Villequier et Quillebeuf, la traverse ne s'est reformée nulle part, ni entre les digues ni à l'aval.

Ce fait justifie complètement ce que je disais en 1846, et répond victorieusement à l'objection qu'on faisait au projet que je présentais à cette époque : « Que les digues proposées « feraient bien disparaître la traverse de Villequier, mais que « cette traverse se reformerait plus bas, et, qu'en dernière « analyse, on ne ferait que changer le mal de place. »

Le mal n'a pas été déplacé; il a disparu complètement entre les digues construites et il a diminué au-dessous d'elles. La raison en est toute simple, c'est que les choses se sont passées comme je l'avançais. Les digues ont rendu stables les sables qui existaient derrière elles, et, sur ces sables consolidés, le flot est venu en déposer d'autres, provenant du creusement du chenal et de la baie située au-dessous de Quillebeuf. Cela est évident. Toutefois, il m'a paru curieux de connaître le cube ainsi enlevé, et de savoir de quel amoncellement de sable la navigation est déjà débarrassée.

Dans ce but, j'ai invité M. l'ingénieur Beaulieu à faire lever des profils entre Villequier et Quillebeuf qui, rapprochés de ceux qui avaient été faits avant les travaux, permissent de calculer le cube enlevé du chenal et celui déposé derrière les digues.

Il résulte des calculs faits par cet ingénieur qu'il donne dans son rapport du 14 de ce mois :

1° Que le cube des alluvions déposées derrière ces digues est,

Entre Villequier et La Vaquerie, de. . .		12,354,008^{m}
Entre La Vaquerie et Quillebeuf, de. . .		13,527,886
Total		25,881,894^{m}

2° Que le cube du sable enlevé dans le chenal est ,

Entre Villequier et La Vaquerie, de	5,442,300^{m}	
Entre La Vaquerie et Quillebeuf, de	2,498,146	
Total	7,940,446^{m}	7,940,446^{m}
Différence		17,941,448^{m}

En sorte, qu'en admettant que les 7,940,446^{m} de sables enlevés du chenal sont allés se loger derrière les digues, il y a eu en outre un apport d'alluvions derrière elles de 17,941,448^{m} venus de l'amont et de l'aval.

Il m'est impossible de faire aujourd'hui cette sous-répartition, de dire combien il est venu de sable de l'amont, combien il en est venu de l'aval; car il n'a été fait jusqu'à ce jour aucune observation sur les quantités de matières que les eaux de la Seine tiennent en suspension. Désirant toutefois savoir à quoi m'en tenir à cet égard, je fais faire depuis deux mois des expériences de filtrage à Villequier et à Rouen, en sorte que l'on pourra tenir compte plus tard de ce que l'expérience aura indiqué. Quoi qu'il en soit, ainsi que M. Beaulieu le fait remarquer, à en juger par la limpidité habituelle des eaux de la Seine proprement dite, et par le trouble des eaux de la marée, il n'est pas douteux que la majeure partie des dépôts nouvellement formés derrière les digues de Villequier à Quillebeuf, ne provienne des sables de la baie.

Disons tout de suite que ce qui a eu lieu entre Villequier et Quillebeuf se reproduira au-dessous de ce port, aussitôt que les digues, dont nous proposons aujourd'hui l'exécution, seront faites; disons même que cet effet apparaîtra et grandira en proportion de l'avancement de ces digues. Oui, on ne saurait, en effet, trop le répéter, le chenal une fois maintenu entre les deux digues projetées entre Quillebeuf et Tancarville, se creusera, et les sables qui proviendront de ce creusement, ainsi qu'une grande partie de ceux situés au-dessous de Tancarville et de la pointe de La Roque, transportés par le flot, iront se fixer derrière ces digues, et par suite, de ce creusement, de cet enlèvement, de ce transport, de cette nouvelle diminution d'encombrement dans la baie, la navigation sera considérablement améliorée.

Mais, objecte-t-on, la diminution du volume d'eau aux heures des marées résultant de ces dépôts, aura une influence fâcheuse sur le régime de la baie, sur la profondeur des passes de l'embouchure. Il n'en sera rien, car, ainsi que M. Beaulieu le fait remarquer avec raison, « si l'on observe la « marée monter et descendre dans une baie, on voit les bancs « de sable entre lesquels serpente la rivière qui débouche « dans cette baie, disparaître successivement de l'aval à l'a- « mont dans un certain ordre, puis reparaître exactement « dans le même ordre en marchant de l'amont à l'aval. Il en « résulte que les eaux qui recouvrent les bancs supérieurs, s'é- « coulent superficiellement par la vaste baie ouverte devant elles, « et ne sont d'aucune utilité pour les chasses et le nettoiement « du chenal de l'embouchure. Les seules portions utiles du flot « introduit sont celles qui sont remontées à de très grandes dis- « tances dans le lit régulier de la rivière et qui, n'arrivant à l'em- « bouchure que lorsque les bancs sont à découvert, se trouvent « pressés dans les passes et y produisent un effet d'autant plus « grand que les passes sont moins évasées dans leur section trans- « versale. Le chenal actuel de la Seine, ajoute M. Beaulieu, « présente un exemple de ce genre en aval de Quillebeuf, dans

« la partie de son cours qui longe le marais Vernier. Les eaux « concentrées sur ce point dans une passe étroite l'ont creusé « jusqu'à 7 mètres de profondeur. » (Voyez le plan coté A6 et « la série de profils cotée A7.)

On le voit, l'objection n'est pas fondée.

Je passe à la septième question.

M. le Ministre des travaux publics demande quels sont les avantages obtenus par les travaux exécutés entre Villequier et Quillebeuf.

Ces avantages sont très considérables, très importants. On va en juger.

Avant les travaux, il y avait une barre; maintenant il n'y en a plus.

Avant les travaux, il y avait des traverses à Villequier et à Aiziers; maintenant il n'y en a plus.

Avant les travaux, il n'y avait habituellement sur la traverse de Villequier qu'une hauteur d'eau de 0 m 40 à un mètre au-dessous de l'étiage, et aujourd'hui il y en a une qui dépasse toujours 3m50.

Avant les travaux, et dans les circonstances les plus favorables, lorsque la traverse de Villequier, déblayée par les crues d'hiver, avait atteint sa plus grande profondeur, la hauteur d'eau, au-dessous de l'étiage, atteignait momentanément 2 m 40; maintenant cette hauteur va jusqu'à 3 m 92 et elle se maintient à 3 m 66.

Avant les travaux, il y avait des naufrages fréquents dans le parcours de Quillebeuf à Villequier; maintenant il n'y en a plus. (1)

Avant les travaux, la durée du flot à Quillebeuf dans les

---

(1) De 1842 à 1847, 184 navires y ont échoué et 6 s'y sont perdus. En 1848, les digues sont commencées et le nombre des échouements est réduit à 5; en 1849 et 1850, il est nul.

marées de morte-eau, était de 2 h. 30 m.; maintenant cette durée est de 3 h. 30 m. Une heure d'augmentation.

Avant les travaux, la durée de la remonte d'un navire était tout-à-fait incertaine; maintenant un navire remorqué peut remonter la Seine du Havre à Rouen en 12 heures.

Avant les travaux, les navires ne pouvaient remonter de la mer à Rouen que pendant cinq jours par mois lunaire environ; maintenant ils peuvent remonter tous les jours.

Avant les travaux et dans les circonstances les plus favorables, après les crues et dans les vives eaux, on ne pouvait remonter à Rouen que des navires tirant 3 mètres; maintenant il arrive, à chaque marée de morte-eau, des navires calant $3^{m}66$ à $3^{m}80$ et dans les marées de vive-eau des navires de $4^{m}33$ à $4^{m}66$.

Avant les travaux, il n'était jamais monté à Rouen des navires norwégiens, et il en est monté cette année jusqu'à ce jour 45, et 15 à Caudebec, expédiés pour ces ports.

Avant les travaux, la prime d'assurance était de 1/4 p. 0/0; maintenant elle n'est plus que de 1/8, et il existe même des assurances faites pour Rouen à la même prime que pour le Havre.

Avant les travaux, les Assurances mutuelles anglaises refusaient toute assurance sur des navires calant 11 pieds anglais; maintenant cette interdiction est levée. Au mois de janvier dernier, elles ont porté à 12 pieds le maximum de tirant d'eau, et, par une décision récente, les navires de 13 pieds sont aujourd'hui autorisés à naviguer en Seine.

Avant les travaux, la différence du fret sur le Havre et sur Rouen était de 10 fr. du tonneau pour les navires venant de la Méditerranée, et de 5 à 6 fr. pour les navires venant de Bordeaux; maintenant cette différence n'est plus que de 5 fr. pour les navires venant de la Méditerranée et de 2 à 3 fr. pour ceux venant de Bordeaux.

Il résulte delà, ainsi que la Chambre de commerce de Rouen le fait remarquer, que comme l'importance du trafic maritime annuel par l'intermédiaire de Rouen, est de 700,000 tonneaux de marchandises valant environ 280,000,000 de francs, que les travaux exécutés procurent déjà au commerce, à l'industrie et à tous les consommateurs du centre de la France une économie de plus de *deux millions de francs par an.*

Ajoutons enfin que les terrains conquis sur le lit du fleuve, par le fait même de l'exécution de ces travaux, s'élèvent à 1,400 hectares (1); que ces 1,400 hectares, estimés seulement 4,000 fr. l'un, vaudront 5,600,000 francs, dont la moitié 2,800,000 fr. appartiendront à l'État, en vertu de la loi du 16 septembre 1807.

En sorte qu'en dernière analyse, l'État recouvrera dans peu de temps la dépense qu'il aura faite, 3,000,000 de francs, et il aura fait exécuter des travaux qui procurent déjà aujourd'hui au commerce et à l'industrie une économie de 2,000,000 au moins par an.

On le voit, la question, examinée seulement sous le rapport financier, est magnifique. Je doute même qu'une affaire commerciale ou industrielle quelconque ait été jamais aussi avantageuse.

---

(1) Ces 1,400 hectares sont ainsi répartis :

		hect.	c.
Rive droite, sur la commune	de Villequier,	25	62
»	de Norville,	151	45.
»	de St-Maurice,	215	85.
»	de Petit-Ville,	290	54.
Rive gauche, sur la commune	de Petit-Ville,	295	78.
»	de St-Nicolas,	74	15.
»	de Vatteville,	339	25.
»	d'Aiziers,	9	86.
»	de Vieux-Port,	4	98.
Total pour les deux rives,		1,406	24

C'est ainsi que tout se lie, que tout s'enchaîne. Les digues faites entre Villequier et Quillebeuf ont fait disparaître les traverses de Villequier et d'Aiziers, ont rendu le chenal fixe et constamment profond, et cette fixité et cet approfondissement ont fait cesser tous les dangers et ont permis à des navires d'un bien plus fort tonnage de parcourir tous les jours cette partie de la Seine, autrefois suivie avec peine et périls seulement pendant quelques jours de chaque mois.

De ces deux améliorations, il en est résulté, d'une part, que les dangers et les échouages cessant, les primes d'assurance ont diminué de moitié, et de l'autre que des navires d'un plus fort tonnage, des navires calant de 4^{m} 33 à 4^{m} 66, pouvant se rendre, sans alléger, de la mer à Rouen, le prix du fret a aussi éprouvé une réduction de 50 p. 100, parce que le personnel pour la conduite d'un navire de 4 à 5^{m} de tirant d'eau est, à deux hommes d'équipage près, le même que pour un navire calant de 2 à 3^{m}. Que l'on continue l'endiguement, que l'on exécute les travaux que nous avons projetés entre Quillebeuf, Tancarville et La Roque, et les primes d'assurance et le prix du fret diminueront encore d'une manière très sensible.

Il est à désirer que ce résultat soit obtenu, non seulement sur la Seine, mais encore sur toutes les rivières navigables qui traversent la France. Cette opinion est celle de tout le monde, c'est ce que l'on entend répéter de tous les côtés, et c'est ce qu'écrivent en termes bien vrais, bien précis, bien réfléchis, les Chambres de commerce de Nantes, de La Rochelle, de Marseille, de Paris, et la commission d'enquête du département de l'Eure. (Voy. dans le dossier, les avis de ces Chambres et celui de la commission d'enquête de l'Eure.)

« En faisant des vœux, écrit la Chambre de commerce de « Nantes, pour le succès du grand projet qui est en ce moment « à l'enquête, nous ne pouvons le séparer, dans notre pensée,

« d'un système général d'amélioration de nos fleuves et rivières « que nous voudrions voir adopter par le Gouvernement.

« Un système général d'amélioration aurait pour consé- « quence de faire augmenter le tonnage, et de donner à la « navigation de grandes facilités qui lui permettraient, en « abaissant le prix de ses transports, de *soutenir la concur-* « *rence si funeste que lui font les voies ferrées.* »

De son côté, la Chambre de commerce de La Rochelle dit: « Le Gouvernement, tout en favorisant les chemins de fer, ne « peut pas oublier que la navigation fluviale doit être leur « rivale et mérite aussi protection. Faire arriver à Rouen, en- « trepôt de Paris, les navires d'un fort tonnage, est certai- « nement un noble but, digne d'un grand pays comme la « France.

« Si les chemins de fer accélèrent la circulation, font dis- « paraître les distances, il faut bien convenir que le prix qu'ils « mettent à leurs services est très élevé. *Qu'ils soient libres* « *de cette concurrence, ils deviendront bientôt ruineux pour* « *le commerce qu'ils rançonneront à merci.*

« Que l'on s'empresse donc d'améliorer la navigation de la « Basse-Seine; il serait trop tard, peut-être, un jour, pour « revenir à cette navigation d'autant plus difficile que le fleuve « aurait été laissé à tous les bouleversements. »

La Chambre de commerce de Marseille n'est pas moins positive.

« L'endiguement de la Seine-Maritime, dit cette Chambre, « en approfondissant son lit, permettra aux caboteurs les plus « puissants de remonter jusqu'à Rouen. On comprend, dès- « lors, l'extension que prendra la navigation sur ce fleuve, « devenu comme une continuation de l'Océan au milieu des « terres; il sera accessible à un nombre considérable de ba- « teaux qui pourront multiplier leurs voyages et réduire même « leur fret, sans compromettre leurs bénéfices.

« Il est d'autant plus essentiel d'assurer ces avantages aux « caboteurs de la Seine, qu'ils seront ainsi en mesure de pou- « voir lutter avec les voies de fer et de soutenir une concur- « rence qui doit être si profitable au commerce.

« Le temps n'est pas éloigné, sans doute », ajoute cette Chambre, « où des lignes de fer sillonneront la France dans « tous les sens; or, la supériorité de ce mode de transports « impose au Gouvernement l'obligation de perfectionner les « voies fluviales, autant pour conserver à notre navigation les « faibles éléments d'activité qui lui restent, que pour neutra- « liser les effets *d'un monopole que la vapeur ne manquerait « pas d'exercer au préjudice de notre commerce.* »

D'un autre côté, la Chambre de commerce de Paris, après avoir fait ressortir avec une vérité, une chaleur et un talent remarquables, tous les avantages que les travaux pro- jetés rendront au commerce, à l'agriculture et à la France, ajoute : « Cette amélioration de la Seine maritime aura encore « un autre résultat non moins important pour le commerce et « l'agriculture; elle maintiendra une utile concurrence vis-à- « vis des voies ferrées dont l'utilité sans doute ne peut être « méconnue, mais dont il est sage cependant de restreindre « l'omnipotence.

« Le port de Rouen a le premier sollicité et obtenu un che- « min de fer sur Paris, mais il a fait tous ses efforts pour « maintenir la batellerie contre son puissant concurrent, et le « résultat de ses efforts a été de faire baisser et maintenir le « prix du fret de Rouen à Paris à 8 ou 10 fr. par tonneau, « pour les bateaux; et à 10 ou 13 par le chemin de fer, quand, « il y a quelques années, la batellerie prenait 15 et 20 fr. du « tonneau pour ce trajet.

« Si le transport fluvial eût été abandonné sous les coups de « son concurrent, il est facile d'apprécier que les tarifs ne se- « raient pas maintenus dans des limites aussi basses.

« Au reste, Rouen », dit encore cette Chambre, « sera surtout « ce que le Havre ne peut plus être, un concurrent utile « contre l'omnipotence des chemins de fer, et, sous ce rapport, « les avantages offerts au pays par l'amélioration de la Seine « maritime sont incontestables. »

Enfin, la commission d'enquête du département de l'Eure dit, avec la plume facile et élégante de son savant et consciencieux rapporteur, M. de Vatimesnil :

« Les communications par eau sont aujourd'hui en con- « currence avec les communications par voie de fer. Cette « concurrence est un bienfait pour le pays, parce que, en « diminuant le prix des transports, elle augmente la consom- « mation et favorise l'industrie tant agricole que manufactu- « rière, le commerce et toutes les spéculations légitimes. Ce « qu'on doit souhaiter, c'est que la balance entre ces deux « genres de communications reste égale, autant que possible, « et que ni l'un ni l'autre ne succombe ; car alors les avantages « de la concurrence s'évanouiraient. Or, on ne peut se dissi- « muler que, dans ce conflit, les communications par eau ne « soient sérieusement menacées ; il faut donc venir à leur aide. « Les chemins de fer ont coûté à l'État des sommes énormes, « les communications par eau réclament à leur tour des per- « fectionnements. Ce n'est pas seulement là une question d'é- « quité ; c'est aussi une question d'intérêt public et de puissance « nationale : d'*intérêt public*, car cet intérêt s'oppose à toute « espèce de monopole ; de *puissance nationale*, car si les com- « munications par eau venaient à diminuer sensiblement, le « personnel de notre marine marchande décroîtrait, et cet « amoindrissement aurait pour conséquence la diminution des « forces de notre marine militaire. »

Il résulte des faits, des renseignements que je viens d'énumérer, que les travaux exécutés entre Villequier et Quillebeuf ont donné des résultats marqués, ont produit des avantages fort importants, et que ces avantages doubleront encore si les travaux sont prolongés au-dessous de Quillebeuf. Au reste, ces avantages sont si grands, si connus, si appréciés que les Chambres de Commerce d'Alger, d'Avignon, de Bordeaux, de Boulogne, de Caen, de Cherbourg, de La Rochelle, de Marseille, de Morlaix, de Nantes, de Paris, de Pont-Audemer, de Saint-Brieuc, de Saint-Malo et de Toulon n'ont pas hésité à se réunir à la Chambre de Commerce de Rouen pour demander à l'unanimité la continuation des travaux. Cette demande, partant des principales villes et des principaux ports de France, prouve évidemment qu'il ne s'agit pas, comme quelques personnes le pensent ou du moins le disent, d'un simple débat entre les ports du Havre et de Rouen, mais d'un grand intérêt national.

Il reste maintenant à examiner si ces travaux peuvent être faits sans danger pour la navigation, sans nuire aux ports d'Harfleur, d'Honfleur et du Havre; tel est le but des questions posées dans la troisième partie.

Les trois Commissions sont unanimes pour dire que les digues projetées maintiendront le chenal, parce que l'expérience faite donne cette certitude, parce qu'appuyées, comme l'indique le projet, d'un côté sur la pointe de Tancarville et de l'autre sur la pointe de La Roque, le flot n'aura pas d'action sur elles; enfin, parce que l'on a vu un chenal se maintenir longtemps dans la même direction, lorsqu'il était contenu seulement par de gros bancs de sable, et que des digues faites en gros blocs de pierre présenteront une résistance bien plus grande à l'action du flot et du jusant.

On m'exprimait la même crainte lorsque j'ai présenté le projet des digues aujourd'hui construites entre Villequier et Quillebeuf. On disait, d'une part, qu'il faudrait employer des blocs fort gros de cinq au plus au mètre cube, et, de l'autre, que, même avec cette précaution, les digues seraient renversées, bouleversées ; que les pierres qui les formeraient iraient encombrer le chenal, et que les travaux projetés seraient plus nuisibles qu'utiles à la navigation

Nous avons employé des blocs, non de cinq seulement au mètre cube, mais de cinq à vingt; des pluies abondantes ont fait élever considérablement les eaux, des ouragans qui ont eu lieu pendant de grandes marées ont occasionné de très grandes dégradations sur les bords de la mer, au Havre, à Honfleur, sur le littoral de la Seine, et nos digues n'ont éprouvé aucune avarie.

Il en sera de même de celles dont nous proposons l'exécution. Ainsi, point de dangers pour la navigation.

Le meilleur tracé, disent encore les trois Commissions, est celui présenté par les ingénieurs, parce qu'il est conforme aux indications fournies de tout temps par la nature. Toutefois, ajoutent ces Commissions, le tracé devra être porté un peu plus au nord, si, comme un vieux pilote de Quillebeuf l'a assuré à la Commission nautique, il existe, dans le prolongement de la pointe de Quillebeuf, à une petite profondeur, un plateau sous-marin dit les *Ors*, qui traverse la Seine.

Aussitôt que M. le rapporteur de la Commission nautique, M. de Tessan, a eu l'obligeance de me faire part de la déclaration de ce pilote, j'ai écrit à M. Beaulieu de vérifier ce qu'il y avait de vrai dans ce renseignement, qui ne nous avait pas été signalé avant la rédaction de notre projet, et, pour que cette question ne fût plus sujette à controverse, je l'ai engagé de plus à prier le pilote qui avait signalé l'existence des *Ors* ainsi que les autres pilotes qui pourraient connaître cette roche, d'accompagner M. le conducteur chargé de faire des forages, de lui indiquer sur les lieux mêmes tous les hauts-fonds à leur connaissance, et de dresser un procès-verbal constatant le résultat de cette exploration. C'est ce qui a été fait. Je joins à ce rapport le procès-verbal dressé par M. le conducteur Viard et les pilotes Adam (Pierre) et Chartier (Pierre) [pièce cotée G].

Il résulte de la nouvelle exploration qui a été faite et des forages nouvellement exécutés, que la roche signalée existe effectivement. Cette roche traverse la Seine dans la direction de la pointe de Quillebeuf, mais heureusement sa largeur, dans le sens du courant de la rivière, est peu importante; de telle sorte qu'en reportant le tracé un peu plus au nord, ainsi que je l'ai arrêté avec M. Beaulieu, suivant les lignes bleues indiquées sur le plan ci-joint, coté A^6, le nouveau chenal passera dans la partie la plus creuse de la rivière; sa profondeur, au-dessous de l'étiage près de la digue nord (rive droite), sera à 4^m62, 5^m80, 4^m42, 5^m76, 7^m09; ces profondeurs iront en augmentant, en se rapprochant de l'axe du chenal où, d'après les forages faits, on trouve au-dessous de l'étiage les profondeurs 6^m03, 7^m30, 5^m86, 7^m29, 7^m95; et à partir de cette ligne, le fond du chenal ira en se relevant à mesure qu'il se rapprochera de la rive gauche, de telle sorte que sa profondeur au-dessous de l'étiage, près de la digue à construire sur cette dernière rive, ne sera plus que de 2^m63.

On ne saurait demander plus, puisque, en dernière analyse, suivant la direction que nous proposons, le chenal aura au moins 4^m40 au-dessous de l'étiage, sur plus de 200 mètres de largeur à partir de la digue du nord, et que cette profondeur pourra atteindre la cote 5^m86 sur l'axe même du chenal.

Aussi la Commission d'enquête de la Seine-Inférieure, sous les yeux de laquelle j'ai mis ces résultats, a-t-elle exprimé l'avis d'approuver le nouveau tracé que je viens d'indiquer.

Les avis des trois Commissions diffèrent en ce qui concerne la hauteur à donner aux digues projetées.

La Commission d'enquête de la Seine-Inférieure pense que les digues doivent être élevées successivement et à mesure des alluvions déposées derrière elles jusqu'au niveau des pleines mers de morte-eau. La Commission nautique partage le même avis, mais la Commission d'enquête du département de l'Eure estime qu'il convient d'élever les digues de suite jusqu'à la hauteur maximum que je viens d'indiquer, c'est-à-dire jusqu'au niveau des pleines mers de morte-eau, et de les élever ensuite progressivement au-dessus de ce niveau lorsque les alluvions l'auront atteint.

Il est impossible, ainsi que le dit M. Beaulieu, de déterminer exactement la hauteur à donner aux digues. Cette hauteur dépendra de celle des attérissements et devra être telle, que les sables ne puissent pas être entraînés dans le chenal. L'expérience seule pourra dire ce qu'il conviendra de faire à cet égard. Mais il faudra ne les élever d'abord que très peu au-dessus des bancs, afin de ne pas donner trop de prise à l'action des courants de flot.

Les avis des trois Commissions sont les mêmes et unanimes sur les onzième, douzième et treizième questions. Ces Commissions disent :

Il ne faut par s'arrêter à Quillebeuf, parce que ce serait compromettre les travaux exécutés, diminuer les avantages déjà obtenus et renoncer à ceux à obtenir.

Il faut arrêter la digue droite à Tancarville, mais il faut absolument construire cette digue, parce que cette construction « est forcée ».

Il faut construire la digue gauche et la prolonger jusqu'à La Roque, parce qu'il est indispensable que cette digue soit appuyée sur un point solide et résistant; parce que, si on construisait seulement la digue droite, la dépense faite pour sa construction serait en pure perte, attendu que toute la baie restant ouverte, il n'y aurait pas de creusement le long de cette digue; parce que si on ne l'exécutait pas, il ne se formerait pas des alluvions sur la rive gauche et que l'on se priverait d'une valeur de neuf millions de francs (1), dont la moitié devra être versée dans la caisse du Trésor ; parce que la construction seule de la digue droite présenterait un grand danger pour le territoire du département de l'Eure, car le marais Vernier se trouverait en face de cette digue unique, et enfin, parce que l'on ne saurait s'arrêter à la pensée de terminer la digue gauche à la hauteur de Tancarville, d'une part, parce que sa tête restant exposée à l'action des flots, sa destruction serait inévitable, et de l'autre, parce que les alluvions, entre cette digue et le marais Vernier, seraient impossibles et que le marais Vernier resterait à découvert.

A ces raisons puissantes, présentées par les Commissions d'enquête, il convient d'ajouter qu'il serait utile de prolonger la digue gauche jusqu'à La Roque, afin de conduire le chenal vers cette pointe, de le serrer vers la rive gauche, de le faire passer le plus près possible de la Risle, de Berville et d'Honfleur, parce qu'il est constant, parce qu'il a été bien établi par l'enquête, que cette direction est la meilleure de toutes sous tous les rapports, eu égard aux vents, à la profondeur du chenal et aux posées des navires, et parce qu'il a été aussi constaté par l'enquête, que, il y a dix-huit ans, lorsque

---

(1) Cette évaluation n'est pas exacte. La non-exécution de la digue gauche ferait perdre seulement . . . . 6,648,000 fr.

Il resulte en effet des plans levés avec le plus grand soin, que les terrains qui seront conquis sur la rivière, entre Quillebeuf et la pointe de La Roque, présenteront ensemble une surface égale à 2,277 hect. savoir :

A droite du chenal, entre Quillebeuf et Tancarville	615 h.
A gauche, de la pointe de Quillebeuf à la pointe de la Roque . .	1,662
Total pareil.	2,277 h.

Lesquels à raison de 4,000 f. l'un, vaudront 9,108,000 fr. dont la moitié, 4,554,000 fr., devra être versée dans la caisse du Trésor. En rapprochant cette dernière somme de celle reconnue nécessaire pour exécuter les digues projetées entre Quillebeuf, Tancarville et La Roque, on voit qu'elle fait plus que couvrir la dépense à faire.

le chenal suivait cette direction, *la route*, pour me servir de l'expression des pilotes, entre Honfleur et le Havre, était meilleure qu'aujourd'hui, et que les abords de ce dernier port étaient moins encombrés qu'ils le sont maintenant. On peut encore dire qu'en construisant la digue gauche jusqu'à la pointe de La Roque, il en résulterait un autre avantage, secondaire si l'on veut, mais cependant encore fort important, de pouvoir dessécher *tout naturellement* le marais Vernier qui n'a pas moins de 2,000 hectares, ce que l'on n'a pu faire jusqu'à ce jour, parce que le canal qui met le grand bassin intérieur, appelé la grande mare, en communication avec la Seine, n'étant pas établi sur un terrain solide et à l'abri des eaux, est obstrué à chaque instant. Enfin, il faut dire que la digue gauche entre Quillebeuf et la pointe de La Roque coûterait 2,148,000 francs, et que cette digue ferait rendre à l'agriculture 1,662 hectares de terrains aujourd'hui improductifs qui vaudraient dans peu de temps, 6,648,000 fr., dont la moitié, 3,324,000 fr. seraient versés dans la caisse du Trésor, en vertu de la loi du 16 septembre 1807.

J'ai dit ci-dessus que la Commission d'enquête de la Seine-Inférieure et la Commission nautique pensaient qu'il convenait de laisser une largeur de 500 à 600 mètres entre les digues vis-à-vis Tancarville, et que la Commission d'enquête de l'Eure croyait qu'une largeur de 500 mètres serait bien suffisante, attendu que cette largeur répondrait à la règle fixée par le Conseil général des Ponts-et-Chaussées de donner au chenal un élargissement de dix mètres par kilomètre, et parce que jamais le fleuve, dans ses caprices, n'a livré un chenal de 500 mètres de largeur, et même que cette étendue n'a jamais été dépassée par la somme totale des divers courants navigables qui se sont établis entre les bancs.

L'opinion de la Commission de l'Eure est tout-à-fait conforme à l'avis exprimé par presque tous les pilotes.

Au reste, si l'on adopte, en aval de Quillebeuf, l'élargissement de dix mètres par kilomètre que l'on s'est imposé entre Villequier et Quillebeuf, comme la distance entre la pointe de Quillebeuf et celle de Tancarville, mesurée suivant l'axe du chenal, est de 6,150 mètres, il en résulterait que la largeur à laisser entre les digues, vis-à-vis cette dernière pointe, devrait être de 510 mètres; largeur bien suffisante, car l'observation faite par la Commission d'enquête de l'Eure sur la largeur réellement occupée par les différents bras navigables entre Quillebeuf et Tancarville est parfaitement exacte, ce qui du reste est complètement justifié par les profils ci-joints produits par M. Beaulieu, et les largeurs indiquées dans son rapport du 14 novembre dernier.

Ainsi que le disent les trois Commissions, il n'y a pas lieu de s'occuper de la largeur à donner à la pointe de La Roque, dès l'instant qu'il n'est pas question de prolonger la digue de la rive droite au-delà de la pointe de Tancarville.

J'ai fait connaître, dans le tableau résumant les réponses des Commissions d'enquête et nautique, l'opinion de ces Commissions sur la manière de terminer les digues par des fanaux, des amers ou des balises.

Ainsi que la Commission nautique l'indique, il conviendra de placer des fanaux de diverses couleurs vis-à-vis l'un de l'autre à Tancarville, de manière à bien marquer l'embouchure du chenal.

Quant aux avantages que la navigation ascendante et descendante retirerait des travaux projetés, ils seraient très importants.

La disparition des échouges et des sinistres par la fixité et la régularité du chenal.

Une plus grande rapidité dans les transports; car un navire partant de la pointe de Tancarville ne mettrait pas plus d'une demi-heure pour venir à Quillebeuf, en suivant le chenal projeté, tandis qu'en suivant le chenal actuel, il faut plus d'une heure et demie ; ce qui offrirait, en outre, l'avantage de profiter plus longtemps du flot pour remonter la Seine.

Un approfondissement dans le chenal, et, par suite, la possibilité à des navires d'un plus fort tonnage de se rendre de La Roque à Quillebeuf ; ce qui est de la plus haute importance, car, d'après la déclaration unanime des pilotes, dans les pleines mers de morte-eau, un navire tirant 4^{m} 20 peut toujours remonter de la mer au Val-Salé, situé vis-à-vis La Roque, tandis qu'un navire tirant plus de 9 pieds 10 pouces (3^{m} 20) peut à peine se rendre de la pointe de La Roque à Quillebeuf. On gagnerait ainsi 0^{m} 80 sur le tirant d'eau, ce qui équivaudrait à une augmentation de tonnage de plus de 100 tonneaux.

Ce que je viens de dire répond à la dix-septième question, c'est-à-dire que les travaux projetés, une fois exécutés, des navires tirant 4^{m} 20 pourront se rendre sans difficulté de la mer à Rouen, dans les pleines mers de morte-eau.

Quant à l'influence que les digues pourront avoir sur la barre, sur les courants, sur les rives et sur le port de Rouen, elle est évidente.

Entre les digues, de supprimer la barre, de fixer le chenal, de régulariser les courants, de conserver les rives, et de faire déposer des alluvions d'une valeur de plus de neuf millions de francs.

Sur le port de Rouen, de le rendre accessible à des navires d'un tonnage plus fort que celui des navires qui peuvent y arriver aujourd'hui, d'y faire baisser les eaux au plus de 0^{m} 40, mais d'y augmenter la hauteur de la marée, et d'y prolonger sa durée, ce qui facilitera la navigation au-dessus de ce port, et fera plus que compenser l'abaissement d'eau que je viens de signaler.

L'influence des digues sur la Risle, sur Pont-Audemer et sur les ports du Havre, d'Honfleur et d'Harfleur, n'est pas moins évidente.

Nulle pour la Risle et pour Pont-Audemer, nulle aussi pour

les trois autres ports si au-dessous de Tancarville le chenal continue à se promener d'un bord à l'autre de l'embouchure; bonne pour la Risle, bonne pour Pont-Audemer, bonne pour Honfleur, si le chenal se maintient sur la rive gauche, entre la pointe de La Roque et Honfleur, car alors, l'embouchure de la Risle serait dégagée des bancs de sable qui l'encombrent, et les abords de Honfleur plus profonds et meilleurs, puisque les courants passeraient devant ce port; enfin, bonne encore dans ce cas pour le port du Havre, puis qu'il résulte du plan qui représente l'embouchure de la Seine en 1717 et des dépositions de tous les pilotes, que lorsque le chenal suivait cette direction, la *route* d'Honfleur au Havre était meilleure et les abords de ce dernier port moins encombrés.

Nulle dans tous les cas pour le port d'Harfleur.

Quant à l'influence des travaux sur la baie de Seine, elle serait encore favorable puisque une partie des sables qui encombrent cette baie irait se loger, se fixer derrière les digues, ce qui diminuerait d'autant les entraves que ces bancs présentent à la navigation.

J'ai fait connaître au commencement de ce rapport les réponses textuelles des commissions d'enquête et nautique sur la vingt-troisième et la vingt-quatrième question; je ne les reproduirai donc pas ici De plus, j'ai répondu à la vingt-troisième question en parlant de la seizième, et il ne resterait dès lors qu'à entrer dans quelques détails en ce qui concerne les directions des principaux courants de flot et de jusant entre la mer et Quillebeuf; mais M. Beaulieu a donné dans son rapport du 14 novembre dernier des renseignements tellement précis à cet égard, que je ne puis faire mieux que de renvoyer à ce rapport, et à ce que j'ai dit moi-même dans celui que j'ai rédigé le 6 avril dernier.

Tels sont les faits, les raisons puissantes, les considérations importantes qui ont motivé les réponses faites par les deux commissions d'enquête, et par la commission nautique, aux questions posées par M. le Ministre des travaux publics.

Disons-le hautement, jamais en France, sur un projet d'utilité publique, les réponses n'ont été plus nettes, plus précises, plus péremptoires, plus concluantes.

Jamais en France un projet d'utilité publique n'a obtenu une adhésion aussi unanime, aussi spontanée.

C'est que ce projet n'a pas pour but d'être utile seulement à quelques départements, mais à la France entière; c'est qu'il est destiné à conserver le cabotage, à maintenir le personnel de notre marine marchande et à ne pas laisser diminuer les forces de notre marine militaire; c'est qu'il doit mettre un frein à l'omnipotence des chemins de fer, et empêcher les détenteurs de ces voies ferrées d'exercer, comme le dit la Chambre de Commerce de la Rochelle, un monopole ruineux pour le commerce.

C'est que pour l'exécution de ce projet, l'état ne fera qu'une avance de fonds. Il ne faut pas, en effet, oublier que les 6,000,000 fr. réclamés, rentreront dans cinq ans au plus dans la caisse du trésor, par la vente seule des terrains, aujourd'hui improductifs, qui seront conquis sur le fleuve, et qu'avec cette avance, on rendra à l'agriculture des terrains qui vaudront plus de neuf millions, et que l'on fera gagner au commerce, à l'industrie, à la population de Paris et du centre de la France, près de deux millions par an sur les prix des transports des marchandises.

Au milieu de cette unanimité, a surgi une protestation contre l'exécution de ces travaux. Elle part du Hâvre. C'est la Chambre de Commerce de cette ville qui l'a faite. Malheureusement cette opposition est arrivée trop tard pour permettre aux commissions d'enquête de l'examiner, et d'apprécier la valeur des motifs sur lesquels elle se fonde. Je vais tâcher de le faire.

La Chambre de Commerce du Havre donne une adhésion complète aux travaux projetés entre la Mailleraye et Villequier, mais elle repousse ceux que l'on propose de faire entre Quillebeuf, Tancarville et la pointe de La Roque.

« Le projet présenté, disent les membres de cette Chambre, « aurait pour résultat très probable de fixer le chenal navi« gable sur la rive gauche de la Seine, et nous ne sommes pas « entièrement rassurés sur la conséquence de cette direction à « l'égard de notre rade. L'effet inévitable de la direction « donnée au courant d'un fleuve vers un point, est de pro« duire des attérissements sur les points où ce courant « n'exerce point son influence, et nous ne saurions nous dé« fendre de la crainte que ces attérissements formés sur la rive « droite ne prennent une grande extension et ne finissent par « dépasser le méridien de notre jetée. »

Si la digue projetée sur la rive droite était continuée jusqu'à Honfleur et même au-dessous de ce port, de manière à maintenir jusqu'à la mer le chenal sur la rive gauche, et à le forcer, à partir d'Honfleur, à serrer la côte venant du Calvados, il n'y a pas le moindre doute que les craintes exprimées par la Chambre de Commerce du Havre se réaliseraient; il se formerait évidemment derrière cette digue des alluvions qui prendraient un grand développement et qui s'étendraient jusqu'au Havre. Mais il n'en est pas ainsi. Suivant le projet dressé, la digue droite doit s'arrêter à Tancarville, et les alluvions qui se déposeront du côté de la rive droite ne dépasseront pas ce point.

Mais, dit-on, par les directions données aux digues entre Tancarville et La Roque et surtout à la digue gauche près la pointe de La Roque, on tend à porter le chenal sur la rive gauche, et, si cela est, il y aura danger pour le port du Havre.

Il n'en est rien, et je vais le prouver en m'appuyant sur le principe même posé par la Chambre de Commerce du Havre.

De ce que « l'effet inévitable de la direction donnée au « courant d'un fleuve vers un point, est de produire des « attérissements sur les points où ce courant n'exerce pas « son influence, » il faut nécessairement conclure qu'il serait à désirer, dans l'intérêt du port du Havre, que le courant, à partir d'Honfleur, se portât directement vers ce port au lieu de suivre la côte du Calvados, qu'il se dirigeât vers le Havre en passant entre les bancs du Ratier et d'Anfard ou entre ce dernier banc et celui des Neiges, puisque, s'il en était ainsi, les courants de flot et de jusant empêcheraient la formation d'attérissements sur la rive droite et par suite l'encombrement de ce port. Eh bien! il est probable que ce résultat serait obtenu si le chenal, à partir de la pointe de La Roque, serrait la rive gauche, serrait la côte, se rapprochait de l'embouchure de la Risle, touchait Berville, parce que, s'il suivait cette direction, il pénétrerait dans la partie concave qui précède Honfleur, et qu'il serait réfléchi vers le Havre, ce qui n'a jamais lieu lorsque le chenal abandonne la rive gauche à partir de La Roque, et va passer à une certaine distance d'Honfleur.

Quoi qu'il en soit, il est positif que lorsque le chenal ne serre pas la rive gauche avant Honfleur, le courant, à partir de ce port, se jette de suite vers la côte venant du Calvados et qu'il s'éloigne ainsi du port du Havre, ce qui doit contribuer, toujours d'après le principe posé par la Chambre de Commerce du Havre, à la formation des attérissements qui existent sur la rive droite de ce courant, et qui s'étendent jusqu'à ce port.

Si ce raisonnement est juste, et je le crois tel, le projet pré senté est tout à fait dans l'intérêt du Havre.

Mais il y a mieux qu'un raisonnement; c'est que les faits viennent corroborer ce que je viens d'avancer.

Si l'on veut bien, en effet, porter les yeux sur le plan de la baie de la Seine, levé en 1717, (dont j'ai parlé dans mon rapport du 6 avril), plan que M. J. Rondeaux a publié et que la

Chambre de Commerce de Rouen a reproduit dans son écrit du mois d'août dernier, on verra qu'à cette époque, le chenal serrait la rivegauche entre la pointe de La Roque et Honfleur, et que les profondeurs d'eau aux abords du port du Havre étaient plus grandes qu'elles ne le sont aujourd'hui.

D'une autre part, si l'on compare ce plan à celui levé en 1834 par les ingénieurs hydrographes sous les ordres de M. Beautemps-Beaupré, Ingénieur en chef de ce corps, on retrouvera une nouvelle preuve de ce que j'avance.

Enfin il est constant, d'après la déclaration unanime de tous les pilotes, qu'il y a dix-huit ans, lorsque le chenal serrait la côte du sud entre La Roque et Honfleur, le chenal était non seulement excellent entre ces deux points, mais que la *route* d'Honfleur au Havre était infiniment meilleure que suivant toute autre direction, et que les abords du Havre étaient moins encombrés.

Il résulte de ces faits que l'on serait en droit de dire : si, depuis 18 ans, les abords du Havre sont de plus en plus mauvais, cela tient uniquement à ce que le chenal ne serre plus la côte sud entre La Roque et Honfleur.

Quoi qu'il en soit, il y a un fait qu'il ne faut pas perdre de vue : c'est qu'il y a 18 ans, le chenal a serré pendant 7 ou 8 ans de suite la rive gauche entre la pointe de La Roque et Honfleur, et que cependant il a fini par l'abandonner, par prendre une autre direction. D'où il résulte évidemment que lors même que les digues projetées entre Quillebeuf et la pointe de La Roque tendraient à rapprocher le chenal de la rive gauche entre cette pointe et Honfleur, il ne faudrait pas en conclure que ce but serait atteint. On ne peut même dire qu'il le serait, que si on construisait une digue sur la rive droite depuis Tancarville jusqu'à Honfleur, projet dont il n'est nullement question.

La Chambre de Commerce du Havre dit encore que : « La « profondeur d'eau dans la rade du Havre est invariablement « maintenue par le courant de flot qui la balaie à toutes les « marées; et que cette vérité est si bien reconnue que, lors- « qu'il s'est agi d'établir, au nord de la rade, une digue frac- « tionnée pour la défendre contre l'effet des vents de nord et « nord-ouest, le Conseil général des Ponts-et-Chaussées ne « s'est prêté à ce projet qu'avec une sorte d'hésitation, qu'il a « craint toute interception du courant dont il s'agit, et qu'il a « décidé que cette digue ne serait faite que jusqu'à 200 mètres, « à titre d'essai, et que l'on s'arrêterait si l'on apercevait « quelque diminution dans la profondeur d'eau de la rade. »

Cette préoccupation, cette sagesse du Conseil général des Ponts-et-Chaussées n'a rien qui puisse étonner. Mais quelle analogie peut-il y avoir entre une digue projetée devant le port du Havre, en avant de la rade, avec des digues construites dans l'intérieur des terres et distantes de ce port de plus de 30 kilomètres ? Cette citation ne prouve donc rien. On peut en faire une autre bien plus frappante qui rappelle un fait qui a une grande analogie avec ce qui se passe aujourd'hui. C'est que lorsqu'il s'est agi d'améliorer, en Écosse, la Clyde, au-dessous de Glasgow, les habitants de Port-Glasgow et de Greenock se sont opposés, comme le fait aujourd'hui la Chambre de Commerce du Havre, aux travaux projetés, sous le prétexte que ces travaux auraient pour résultat de perdre leur port en l'ensablant ainsi que ses abords. Les travaux ont été exécutés, et il a été prouvé par des procès-verbaux réguliers que ces travaux n'ont apporté aucun changement dans l'état des lieux de ces ports et de leurs abords; seulement les travaux faits ont considérablement amélioré la ville de Glasgow qui reçoit aujourd'hui dans son port des navires de 800 tonneaux, tandis qu'elle n'en recevait auparavant que d'un faible tonnage.

En présence de toutes ces considérations, ma conviction profonde de pouvoir exécuter, sans danger pour le port du Havre, les travaux que j'ai projetés au-dessous de Quillebeuf, n'a pas été ébranlée par les observations de la Chambre de Commerce du Havre, et elle l'a été d'autant moins qu'en me reportant au travail de la Commission nautique appelée à examiner ce projet, j'ai vu que M. Renaud, ingénieur en chef du port du Havre, après avoir exprimé devant cette Commission les mêmes craintes que la Chambre de Commerce de cette ville, sur l'observation qui lui a été faite par un membre de cette Commission que « pendant plusieurs années le chenal s'est « maintenu sur la côte sud sans aucun inconvénient pour le « port du Havre, » a répondu : « qu'il serait très important de « constater ce fait par le dire des pilotes de Quillebeuf, et que « s'il résultait de leur déclaration, qu'en effet le chenal est resté « 8, 9 ou 10 ans sur le même bord, ses craintes s'évanouiraient « en grande partie; parce qu'il est certain que les dangers qu'il « signale pour le Havre ne se sont pas produits dans le passé. »

Le renseignement réclamé par M. Renaud ayant été fourni par les Commissions d'enquête de la Seine-Inférieure et de l'Eure, et tous les pilotes et marins consultés par ces Commissions ayant affirmé que le fait avancé était de la plus grande exactitude, ma tâche devenait facile et il ne me restait plus qu'à conclure : il faut faire les travaux que j'ai projetés, car leur exécution, sans nuire au port du Havre, présentera des avantages prodigieux, (c'est l'expression de M. de Vatimesnil), à l'agriculture, au commerce, à l'industrie, à tous les consommateurs de Paris et du centre de la France.

Cependant je n'ai pas voulu que l'administration supérieure ne fût éclairée que par les ingénieurs, auteurs du projet présenté, et malgré la déclaration faite par M. Renaud devant la Commission nautique, et malgré le dire des pilotes, je n'ai pas hésité à demander à M. le Ministre des travaux publics l'autorisation d'ouvrir une conférence avec M. l'ingénieur en chef du Havre, et M. Tostain, ingénieur en chef du Calvados.

M. le Ministre des travaux publics a approuvé ma proposition, et il ne me reste plus qu'à dire quel a été le résultat de la conférence autorisée.

M. Renaud, après avoir dit que le tracé proposé pour les digues à construire au-dessous de Quillebeuf était sans contredit le meilleur de tous en vue de la navigation, a ajouté qu'il ne pouvait pas cependant dissimuler qu'il craignait que la fixation du chenal sur la rive gauche entre La Roque et Honfleur ne présentât des inconvénients pour le port du Havre. Les craintes qu'il a exprimées, ont été celles qu'il avait déjà produites devant la Commission nautique et que la Chambre de Commerce du Havre a répétées.

M. Tostain et moi, qui n'avons aucune inquiétude à cet égard et qui sommes intimement convaincus que la crainte exprimée par M. Renaud ne peut pas se réaliser, parce que les faits sont là pour la faire disparaître, avons combattu cette manière de voir en nous appuyant sur les considérations et les faits que j'ai exposés ci-dessus, en répondant à la Chambre de Commerce du Havre.

Toutefois, il faut le dire, les appréhensions de M. Renaud ont considérablement diminué, lorsque je lui ai dit qu'il résultait de la déclaration de tous les pilotes interrogés par les Commissions d'enquête, qu'il était positif que le chenal avait suivi, pendant 8 ou 9 années consécutives, la rive gauche entre La Roque et Honfleur, et que des pilotes, interrogés par nous, ont dit qu'il n'était pas exact d'avancer que toutes les fois que le chenal touche Tancarville, il se réfléchit vers La Roque et suit la rive gauche. Abandonnant alors la pensée qu'il avait eue de demander que l'on construisit seulement la digue droite qui doit aboutir à Tancarville, il propose de construire non-seulement cette digue mais encore celle projetée sur la rive gauche, mais de l'arrêter à la hauteur de celle projetée sur la rive droite, c'est-à-dire devant Tancarville. *Les digues, ainsi arrêtées*, dit M. Renaud, *ne peuvent compromettre en rien l'avenir de la partie inférieure, ni avoir aucune influence sensible sur la direction des courants.*

Quoique, je le répète, M. Tostain et moi nous ne redoutions absolument rien de nuisible pour le port du Havre par le prolongement de la digue gauche jusqu'à La Roque, et que nous pensions même que ce prolongement fort utile au port d'Honfleur, le serait peut être pour le port du Havre, nous avons consenti à nous réunir à M. Renaud et à demander avec lui que la digue gauche soit arrêtée, pour le moment, vis-à-vis Tancarville. Nous avons été d'autant plus portés à faire cette concession qu'elle ne compromet en rien l'économie du projet, qui pourra être continué, s'il est prouvé, pendant l'exécution des travaux ainsi définis, qu'il n'y a aucun inconvénient à prolonger la digue gauche jusqu'à la pointe de La Roque.

Mais nous demandons, et M. Renaud le demande avec nous, que la digue droite, aboutissant à Tancarville, et que la digue gauche, arrêtée à cette hauteur, soient construites simultanément, car il est nécessaire de changer le plus tôt possible la direction du chenal actuel qui est la plus mauvaise de toutes, et de faire suivre au chenal celle indiquée par le tracé bleu figuré sur le plan coté A^6, direction qui est sans contredit la plus naturelle et la meilleure.

Il y a plus, MM. Renaud et Tostain m'ont dit que je devais demander que les 4,500,000 fr., nécessaires pour l'exécution complète du projet entre Quillebeuf et La Roque, fussent maintenus dans le projet de loi à présenter à l'Assemblée législative, parce que si l'on ne continuait pas plus tard la digue gauche jusqu'à La Roque, il serait très probablement indispensable de fortifier considérablement la partie de cette digue allant de Quillebeuf à Tancarville. Cette demande est tellement fondée que je n'hésite pas à la faire, et j'aime même à penser qu'elle sera accueillie par M. le Ministre des travaux publics, puisque, en dernière analyse, il ne sera fait des travaux qu'en raison des crédits qu'il ouvrira lui-même chaque année. Seulement il est important que le crédit total nécessaire soit alloué par l'Assemblée législative pour que M. le Ministre l'ait à sa disposition.

Ainsi le résultat de la conférence que j'ai eue avec MM. les Ingénieurs en chef des ports d'Honfleur et du Havre est celui-ci :

Il faut exécuter le projet présenté, mais il faut arrêter les deux digues vis-à-vis le Nais de Tancarville, sauf à examiner plus tard ce qu'il conviendra de faire. (Voyez, dans le dossier, ce procès-verbal pièce cotée H, et dans ce recueil, p. 151).

Cette proposition est en contradiction avec la demande unanime des commissions d'enquête et nautique, d'exécuter complètement le projet que j'ai présenté ; mais comme cette proposition réserve tous les droits, sauvegarde tous les intérêts, annihile toutes les oppositions, fait disparaître toutes les craintes et est de nature à rassurer complètement les habitants du Havre, puisque, en dernière analyse, le chenal, maintenu jusqu'à Tancarville entre deux digues, pourra, une fois arrivé, à ce point, continuer à vagabonder au-dessous de La Roque, comme il le fait aujourd'hui et comme il l'a toujours fait, j'insiste pour que la demande formulée, de concert avec MM. Renaud et Tostain, soit approuvée par le Conseil général des Ponts-et-Chaussées, et par M. le Ministre des Travaux publics.

Ici se termine le relevé des faits produits dans l'enquête, et l'analyse des réponses qui ont été faites par les personnes appelées à formuler des avis sur les projets que j'ai présentés les 14 février et 6 avril derniers.

Il me resterait peut-être maintenant à réunir, à grouper ces faits, ces réponses, et à les faire ressortir dans un résumé général; mais que pourrais-je dire après le résumé si vrai, si attachant, si concluant, qui termine le rapport de la commission d'enquête du département de l'Eure ?

Je me bornerai donc à rappeler que les projets présentés doivent compléter les avantages déjà obtenus avec les travaux faits entre Villequier et Quillebeuf ; que ces projets sont destinés à faire disparaître les seules entraves que des navires de 4^{m} 20 de tirant d'eau éprouvent dans leur marche pendant les mortes-eaux entre Rouen et la mer ; que l'exécution de ces projets est réclamée à l'unanimité par les commissions d'enquête et nautique, et par les Chambres de Commerce d'Alger, d'Avignon, de Bordeaux, de Boulogne, de Caen, de Cherbourg, de Marseille, de Morlaix, de Nantes, de Paris, de Pont-Audemer, de la Rochelle, de Rouen, de Saint-Brieuc, de Saint-Malo et de Toulon; parce que ces projets répondent aux besoins du commerce, de l'industrie, de l'agriculture et de la France entière.

Du commerce et de l'industrie, parce que leur exécution réduira encore de cinquante pour cent les primes d'assurance et le prix du fret, et restreindra l'omnipotence des chemins de fer.

De l'agriculture, parce que leur exécution donnera 2,277 hectares de terrains, aujourdhui improductifs, qui, dans 4 ou 5 années au plus, vaudront plus de neuf millions de francs.

De la France, parce que leur exécution maintiendra le personnel de notre marine marchande, et la force de notre marine militaire.

Enfin, on demande l'exécution de ces projets, parce que, en réalité, cette exécution ne coûtera rien à l'Etat, parce que, comme l'a dit à Quillebeuf le vieux pilote Hébert aux membres des commissions d'enquête : *le comble du bien sera réalisé.*

Rouen, le 4 décembre 1850.

L'Ingénieur en chef des Ponts-et-Chaussées du département de la Seine-Inférieure et des travaux de la 4e section de la Seine,

Signé: DOYAT.

TABLE DES MATIERES.

Pages.

Pages.

FIN.

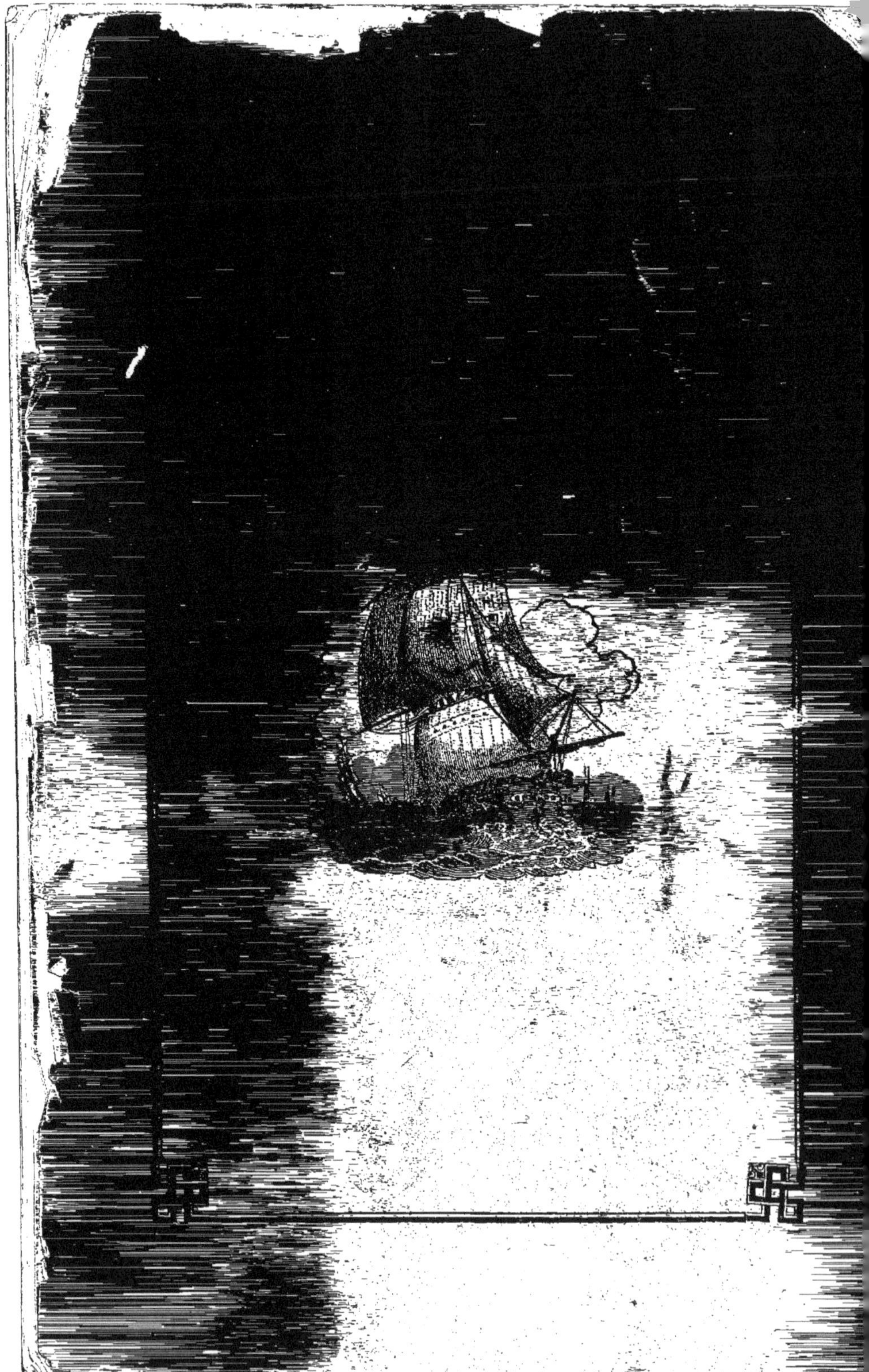

www.ingramcontent.com/pod-product-compliance
Ingram Content Group UK Ltd.
Pitfield, Milton Keynes, MK11 3LW, UK
UKHW012205240726
13966UKWH00002B/580

9 782011 340399